國語國文學叢書 060

蒙山和尙法語略錄諺解

Hakjaone 학자원

국어국문학총서 60

蒙山和尙法語略錄諺解

2017년 11월 25일 초판 1쇄 발행

저　자 : 미상
펴낸이 : 김병환
펴낸곳 : 학자원
주　소 : 134-814 서울시 강동구 천호대로 1121
전　화 : 02) 6403-1000
팩　스 : 02) 6338-1001
E-mail : hakjaone@daum.net
등　록 : 2011년 3월 24일 제324-2011-14호

HAKJAONE Publishing Co.
1121 Cheonho-Daero Kangdong-Gu Seoul

ISBN : 979-11-6247-006-0 93220

값 32,000원

蒙山和尚法語略錄諺解

慧覺尊者 譯

蒙山和尚法語略錄諺解 解題

이 蒙山和尚法語略錄(普濟尊者法語附)一卷一冊은 元 나라의 高僧 蒙山和尚의 法語 六篇과 高麗 恭愍王의 王師 普濟尊者(懶翁惠勤禪師)의 法語 一篇을 합하여 諺解한 것이다. 이 책은 본래 成宗 三年(一四七二)에 刊行된 것으로 믿어지는데, 佛書로서 귀중함은 말할 것도 없지만 그 諺解가 十五世紀 國語의 眞面目을 보여주어 國語의 歷史를 연구하는 학자들에 의하여 널리 이용되어 왔다. 이것은 일찌기 (一九五四年) 稀覯에 속하는 이 책을 影印한 通文館의 美擧에 의한 것이다. 이 影印本은 退耕 權相老 先生의 解題로해서 더욱 빛났었다. 이 책이 근래 희귀해져서 많은 젊은 學徒 들이 이의 再刊을 苦待하여 왔던바, 이제 通文館의 각별한 好意로 이를 再刊하려는 弘文閣의 뜻이 이루어지게 된 것은 매우 기쁜 일이 아닐 수 없다.

이 通文館本은 鶴山 李仁榮 先生의 舊藏本인바, 現存한 여러 板本 중에서 가장 오랜 것으로 그 初刊本으로 推定되는 것이다. (通文館本에 의하면 板匡은 縱 二二〇粍, 横 一五八粍) 이와 거의 같은 板本으로 大邱 沈載完 敎授 所藏本이 알려져 있다. 筆者는 아직 이 책을 직접 볼 기회가 없어 여기서 무어라 말할 처지가 못되지만, 沈敎授에 의하면, 이 책은 그 第一葉 第三行에 「慧覺尊者信眉譯解」(漢字音 表記가 붙어 있음)라고 譯解者名이 들어 있다고 한다. 그리고 沈敎授本에는 通文館本에 第一葉 밖에 없는 金守溫 跋文의 第二葉이 갖추어져 있다고 한다. 沈敎授는 이 책에 대한 자세한 연구를 발표한 바 있는데 (東洋文化 十號, 一九六九, 嶺南大學校) 앞으로 이 책의 여러 異本들(漢文本들까지 포함해서)에 대한 면밀한 연구가 이루어지기를 바라마지 않는다.

여기에 退耕 先生의 解題와 沈載完 敎授의 硏究에 의거하여 蒙山和尚法語略錄의 成立과 그 諺解의 刊行에 대하여 略述하기로 한다. 普濟尊者가 中國 平江의 休休庵으로 가서 蒙山和尚을 親見한 것은 高麗 忠定王 二年(一三五〇, 元 至正十年)이었다. 그해 四月 八日에 도착하여 七月 十九日에 떠났다고 하니 석달 열흘 남짓 머무른 셈이다. 이때에 尊者는 和尚의 法語를 많이 기록하였던 것으로 짐작되는데 이 책은 이 기록을 토대로 이루어진 것으로 믿어진다. 「略錄」이라 한 것으로 보아 그의 기록 중에서 중요한 것을 간추린 것으로 생각된다. 이 책에 실린 蒙山和尚의 法語는 다음의 六篇이다. (數字는 葉數)

示古原上人 (一~一〇)

示覺圓上人 (一〇~二〇)

示惟正上人 (二〇~三〇)

示聦上人 (三〇~五〇)

無字十節目 (五〇~六三)

休休庵主坐禪文 (六三~六九)

이 뒤를 이어 普濟尊者의 「示覺悟禪人法語」가 실려 있다. 二葉(六九~七〇) 밖에 안되는 짧은 것이다.

이 諺解本은 金守溫의 跋文에 「成化 八年」이라 있으므로 成宗 三年(一四七二)에 刊行된 것이다. 그리고 그 譯解者는 退耕先生도 世祖 때의 名僧 慧覺尊者 信眉라고 推定한 바 있었는데, 沈載完 敎授도 자신의 所藏本에 의하여 이렇게 단정하고 있다. 이 책은 仁粹大妃(成宗의 母后)의 發願으로 刊行된 여러 佛書 중의 하나였음이 그 跋文에 드러나 있다.

이 책의 佛書로서의 價値에 대해서는 筆者는 아무 말도 할 처지에 있지 못하다. 다만 그 言語에 대하여 몇가지 사실을 지적함으로써 이 粗略한 解題를 끝맺을까 한다.

먼저 이 책의 原文은 우리가 흔히 보는 古典 漢文이 아니다. 이것은 元代의 口語体를 반영 하고 있는 것이다. (이점 普濟尊者의 「示覺悟禪人法語」는 스스로 구별된다) 따라서 이 책은 中國語의 歷史的 研究에 一資가 될 것으로 믿어 의심치 않는다. 더우기 十五世紀 後半의 우리 나라에서 이루어진 飜譯이 있으니 이의 研究에 큰 도움이 될 것은 두 말할 것도 없다. 최근에 와서 中宗代에 崔世珍에 의해서 이루어진 老乞大와 朴通事의 飜譯은 中國語學者들의 주목을 끌고 있는 듯 하나 이 책에 대해서 이런 관심이 표명된 일이 있다는 말은 아직 듣지 못하였다.

이 책이 무엇보다도 中世國語 資料로서 소중한 것임은 여기에 말하기도 새삼스럽다. 여기서 이 책의 國語史 研究資料로서의 價值를 자세히 논할수는 없으나, 무엇보다도 成宗代에 간행된 책으로 「ㅸ」을 가지고 있는 점이 特記할만하다. 이 점에서 이 책은 世祖代의 刊經都監의 諺解들보다 오히려 保守的이다.

「비밭-」(吐、三一앞) 같은 것은 다른 文獻에는 모두 「비왇-」으로 나타나는 것이요、「더러빙-」(四七뒤)란 使動形은 月印釋譜 以後 文獻에서는 거의 例外없이 「더러이-」(때로는 「더레이-」)로 나타나는 것이다。그러나 이 책에도 「ᄃᆞ외-」(化)、「글왈」(文)이 나타남을 여기에 밝혀둔다。

이 책의 表記法의 特徵으로는 「ᅘᅧ-」(引、五七앞)、「도ᄅᆞᅘᅧ」(二五뒤)、「두르ᅘᅧ」(二二뒤)、「말ᄊᆞᆷ」(四七뒤)、「믜ᅇᅵᆫ」(一九뒤)와 같은 各自並書가 사용된 점과 「옮제、갊제」(一五뒤)、「마ᄅᆞᇙ디어다」(一八뒤)와 같이 終聲「ㅭ」이 사용된 점을 들수 있다。(但 「이럴씨」、「뵐씨、」、「업슬ᄊᆞᆯ」 등 많은 예에서는 「ㆆ」을 쓰지 않고 「ㅆ」을 쓰는 경향이 뚜렷하다) 各自並書와 「ㆆ」이 圓覺經諺解(一四六五)로부터 일반적으로 폐지 되었음은 筆者가 누차 지적한 바와 같다。따라서 이 책은 그 이전의 表記法의 傳統을 지키고 있음을 알수있다。文法과 語彙에 있어서도 이 책에는 特記할 만한 사실들이 나타난다。「누구」(誰、二〇뒤)는 다른책들에는 「누고」로 되어 있다。「아란다 몰란다」(二一뒤)와 같은 疑問形도 드물게 보는 것이다。語尊에서는 「외-」(穿鑿、二八뒤)의 出現이 주목된다。이것은 月印釋譜와 訓蒙字會에 보이는 「외ᅭ、-」(刻)가 複合語幹임을 밝혀준다。「썰썰흐르는 믌겨레」(四三앞)의 「썰썰」은 金剛經三家解의 「섬섬」(陽[illegible])과 함께 十五世紀에 있어서의 象徵語의 특이한 音韻構造의 한 斷面을 보여준 소중한 例라고 하겠다。

한마디로 말해서 이 책은、비록 七一葉을 넘지 못하나、十五世紀 國語의 참모습을 여실히 보여주는 점에서 지극히 소중한 것이라고 아니할수 없다。다만、전체적으로 보아 이 책은 그 刊行年代보다 다소 앞선 言語狀態를 보여주고 있음을 銘心할 필요가 있다。아마도 이 책의 飜譯이 일찍 이루어진 것이 아닌가 하나、後考를 기다린다。이번 影印은 通文館本을 底本으로 하되、卷頭에 실렸던 跋文의 第一葉을 卷末로 옮겼고 그 第二葉을 新活字로 짜서 보충하였음을 여기에 밝혀 둔다。

一九七八年 十一月 七日

李 基 文 識

蒙몽山산和황尙쌍法법語엉略략錄록

尊者法語附

示씽古공原원上썅人신

話뽱頭뚷上썅애有웋疑읭不븛斷뙨ᄒᆞ면是씽名명眞진疑읭니

話뽱頭뚷에疑읭心심이긋디아니ᄒᆞ면이일후미眞진實씷ㅅ疑읭心심이니

若쌱疑읭一잃上썅少숗時씽ᄒᆞ고又웋無뭉疑읭者쟝면ㅣ

ᄒᆞ다가疑읭心심을ᄒᆞᆫ번져근덛ᄒᆞ고ᄯᅩ疑읭心심을아니ᄒᆞ면

非빙眞진心심發벓疑읭라屬쑉做종作작ᄒᆞ니라

眞진實씷ㅅ ᄆᆞᅀᆞ매疑읭心심을發벓ᄒᆞ논디아니라ᄌᆞᆺ와괴요매屬쑉ᄒᆞ니라.

是씽故공로 昏혼沉띰掉뚈擧겅ㅣ 皆갱入
십作작得득ᄒᆞ리라

이럴ᄊᆡ ᄌᆞ오롬과 雜잡念념괘 다 ᄆᆞᅀᆞ매
드러 ᄋᆞᆺᄃᆞ미 ᄃᆞ외리라

更깅要ᅙᅭᆼ坐쫭得득端돤正졍ᄒᆞ리라

다시 모ᄃᆡ 안조ᄃᆡ 端돤正졍히 ᄒᆞ리라

一힗者쟝ㅣ 옌 睡쒱魔망來릥커든 當당知딩是
씽何항境경界갱니 ᄒᆞ리

第뗑一힗엔 ᄌᆞ오로미 오나ᄃᆞᆫ 반ᄃᆞ기 이
엇던 境경界갱오 ᄒᆞ야 아로리니

纔쬥覺각眼ᅙᅡᆫ皮삥重뜡ᄒᆞ야든

ᄀᆞᆺ 눉두베 므거보ᄆᆞᆯ 아라든

便뼌著똭精졍彩칭ᄒᆞ야

믄득 ᄀᆞᄉᆞᆨ 지ᄒᆞ야

提뗑話ᅘᅫᆼ頭뚷一힗二싱聲셩ᄒᆞ야

話ᅘᅫᆼ頭뚷를 ᄒᆞᄂᆞᆫ 두 소리를 擧겅ᄒᆞ야 擧겅ᄒᆞ논 ᄆᆞᆯ

睡쓍魔망(ᄉᆔ마면 ᄌᆞ가 져실씨라)ㅣ 退퇑ᄒᆞ거든 可캉如셩常썅坐쫭ㅣ니라

ᄌᆞ오로미 믈러니거든 샹녜 양ᄋᆞ로 안조미 맛당ᄒᆞ니라

若샥不붏退퇑ᄒᆞ거든 便뼌下ᅘᅡᆼ地띵ᄒᆞ야 行ᅘᆡᆼ數숭十씹步뽕ᄒᆞ야

ᄒᆞ다가 믈러가디 아니커든 므득 ᄯᅡ해 ᄂᆞ려 두서 열 거르믈 거러

眼잔頭뚷ㅣ 淸청明명ᄒᆞ거든 又옿去컹坐쫭ᄒᆞ야

千쳔萬먼照죻顧공話ᅘᅪᆼ頭뚷ᄒᆞ며 及끕常썅

常썅鞭변起킝疑읭ᄒᆞ야

누니 ᄆᆞᆰ거든 ᄯᅩ 안자 ᄀᆞ장 話ᅘᅪᆼ頭뚷ᄅᆞᆯ ᄉᆞᆯ펴보며 時씽常썅애 疑읭心심을 더니 르와다

久궇久궇ᄒᆞ면 工공夫붕ㅣ 純쓘熟쓕ᄒᆞ야 方방

能능省싱力륵ᄒᆞ리라
오라면 工공夫붕ㅣ 니거 바ᄃᆞ기 能능히
힘ᄡᅮ미 져그리라
做좋到돌不붏用용心심提뗑話쀙頭뚷ᄒᆞ야
도 自쫑然션現현前쪈時씽ᄒᆞ얀
工공夫붕를 ᄒᆞ약 그 ᄉᆞᄆᆞᆯᄢᅵ 話쀙頭뚷를
境경티 아니ᄒᆞ야도 自쫑然션히 나ᄃᆞᆫ ᄣᅢ
니르러ᄂᆞᆫ
境경界갱及끕身신心심이 皆갱不붏同똥
先션已잉ᄒᆞ며
境경界갱와 몸과 ᄆᆞᅀᆞᆷ괘 다 녜곤디 아
니ᄒᆞ며
夢몽中듕에도 亦역記깅得득話쀙頭뚷ᄒᆞ리니
如셩是씽時씽예 大땡悟옹ㅣ 近끈矣읭리라
ᄭᅮ메도 ᄯᅩ 話쀙頭뚷를 여 연ᄌᆞ리니 이런 時
씽節졇에 ᄀᆡ야로미 갓가ᄫᆞ리라

却락不블得득將쟝心심ᄒᆞ야待땡悟옹라니

ᄯᅩᄆᆞᅀᆞᄆᆞᆯ가져아로ᄆᆞᆯ기들우디마롤디

니라

但딴動똥中듕靜쪙中듕에要요工공夫부

ᄅᆞᆯ無무間간斷돤호리니

오직ᄒᆞᆫ나ᄀᆞ、마니잇거나호매모ᄃᆡ

工공夫부ᄅᆞᆯ그춤업게호리니

自ᄍᆞ然션히塵띤境경은不블入십ᄒᆞ고眞진

五

境경은日실增증ᄒᆞ야漸쪔漸쪔有ᅌᅲᇢ破팡無

뭉明명力륵量량ᄒᆞ리라

自ᄍᆞ然션히더러븐境경界갱는드디아

니코眞진實씷ㅅ境경界갱는날로더어、

漸쪔漸쪔無뭉明명허롤히미이시리라

力륵量량이充츙廣광ᄒᆞ면疑읭團똰이破팡

ᄒᆞ며無뭉明명이破팡ᄒᆞ리無뭉明명이破팡

ᄒᆞ면則즉見견妙묳道똥ᄒᆞ리라

ᄒᆡ미 充츙實씷ᄒᆞ며 너브면 疑읭團똰이

헐며 團똰ᄋᆞᆫ 무저기라 無뭉明명이 헐리니 無뭉

明명이 헐면 곧 微밍妙묭ᄒᆞᆫ 道똫理링ᄅᆞᆯ

보리라.

夫붕參참禪쎤은 妙묭在찡惺셩惺셩ᄒᆞ니

參참禪쎤은 조ᅀᆞᄅᆞᄫᅵ 요미 ᄉᆞᆲᄉᆞᆲ호매 잇

ᄂᆞ니

靈령利링者쟝ㅣ 先션於헝公공案한애 撿

검點뎜ᄒᆞ야 有웋正졍疑읭커든

靈령利링ᄒᆞᆫ 사ᄅᆞ미 몬져 公공案한애 ᄉᆞᆯ

펴 正졍ᄒᆞᆫ 疑읭心심이 잇거든 靈령利링ᄂᆞᆫ ᄂᆞᆯ날씨

라 公공案한ᄋᆞᆫ 그 웃 글와리니 사ᄅᆞ미 다 從쭁ᄒᆞᆯᄊᆡ 話뽱頭뚷ᄅᆞᆯ 公공案한이라 ᄒᆞ

니라

却캭不붏急급不붏緩쏸ᄒᆞ야 提똉話뽱頭뚷

ᄒᆞ야 密밇密밇 迴횅光광自쫑看칸ᄒᆞ면 則즉易

잉 得득大땡悟옹ᄒᆞ야 身신心심이 安한樂락

ᄒᆞ리라

ᄯᅩᄉᆡᆼ각도아니ᄒᆞ며ᄂᆞᆺ도아니ᄒᆞ야話ᅘᆡᆼ
頭뚷로擧겅ᄒᆞ야隱ᅙᅳᆫ密밇히光광을두
르ᄡᅧ제보면수빙키아로ᄅᆞᆯ得득ᄒᆞ야도ᄅᆞᆷ
광ᄆᆞᅀᆞᆷ괘便뼌安한ᄒᆞ리라光광은비치니ᄆᆞᅀᆞᆷ을
ᄅᆞ니라

若샥用용心심이急급ᄒᆞ면則즉動똥肉슉團
판心심ᄒᆞ야血훯氣킝不블調뚛等등病뼝이
生ᄉᆡᆼᄒᆞ리니非빙是씽正졍路롱ㅣ라
ᄒᆞ다가ᄆᆞᅀᆞᆷᄡᅮ미가곡ᄒᆞ면ᄆᆞᅀᆞᆷ조기뮈
여血훯氣킝調뚛和황티몯ᄒᆞᆫ等등엣病
뼝이나리니正졍ᄒᆞᆫ길히아니니라
但딴發벓盡찐正졍信신心심ᄒᆞ야眞진心심
中듕에有울疑읭ᄒᆞ면則즉自쫑然션히話ᅘᆡᆼ
頭뚷ㅣ現현前쪈ᄒᆞ리라
오직正졍ᄒᆞᆫ信신心심을發벓ᄒᆞ야眞진

實씷ᄃᆞᅀᆞ매 疑읭心심이 이시면 自ᄍᆞᆼ然
션히 話뽱頭뚷ㅣ 나ᄃᆞ리라
若샥涉썹用용力륵擧겅話뽱時씽예 工공
夫붕ㅣ 不붏得득力륵在쩽ᄒᆞ리라
ᄒᆞ다가 힘을 ᄡᅥ 話뽱頭뚷를 擧겅ᄒᆞ매 干
간涉썹ᄒᆞᆫ ᄢᅳᆫ 工공夫붕ㅣ 힘을 얻디 몯ᄒᆞ
리라
若샥動똥中듕靜쪙中듕에 所송疑읭公공
案한이 不붏散산ᄒᆞ며 不붏衝춍ᄒᆞ며 話뽱頭뚷
ㅣ 不붏急급ᄒᆞ며 不붏緩뽠ᄒᆞ야 自ᄍᆞᆼ然션現현
前쪈ᄒᆞ면
ᄒᆞ다가 ᄃᆞᆫ니거나 마니잇거나 ᄒᆞ매 疑
읭心심ᄒᆞᄂᆞᆫ 公공案한이 흗디 아니ᄒᆞ며
다왇디 아니ᄒᆞ며 話뽱頭뚷ㅣ ᄲᆞᄅᆞ디 아
니ᄒᆞ며 ᄂᆞᄌᆞᆨ디 아니ᄒᆞ야 自ᄍᆞᆼ然션히 나ᄃᆞ
면

如셩是씽之징時씽예ᅀᅡ工공夫붕ㅣ得득力륵ᄒᆞ리라 이러ᄒᆞᆫ時씽節졇에ᅀᅡ工공夫붕ㅣ 힘을 어드리라

却캭要ᅙᅧᇢ護ᅘᅩᆼ持띵此ᄎᆞᆼ箇강念념頭뚷ᄒᆞ야 常썅常썅相샹續쑉게ᄒᆞ야 ᄯᅳᆷ로매 이 念념을 護ᅘᅩᆼ持띵ᄒᆞ야 샹녜 닛게ᄒᆞ야

於ᅙᅥᆼ坐쫭中듕에 更ᄀᆡᆼ加강定뗭力륵으로 相샹資ᄌᆞᆼㅣ 爲윙妙묳ᄒᆞ니라 안ᄌᆞᆫ 中듕에 다시 定뗭力륵으로 셔르도 보미조ᅀᆞᄅᆞᄫᆡ니라

忽ᅘᅩᇙ然션築득著딱磕캅著딱에 心심路롱ㅣ 一ᅙᅵᇙ斷똰ᄒᆞ면 便뼌有ᅌᅮᇢ大땡悟ᅌᅩᆼᄒᆞ리니 믄득 맛드로매 ᄆᆞᅀᆞᇝ 길히 ᄒᆞᆫ디위 그츠면 곧 키 아로미 이시리니 築득著딱磕캅著딱은 맛ᄃᆞᆫ다

ᄒᆞᄂᆞᆫ 마리니 [illegible] 工夫ㅣ 니거시든 時씽節졇이니 [illegible] 香향嚴엄和황尙썅이 工공夫붕ㅣ 至징極끅ᄒᆞ야셔 忽홇然션히 집 터닷다가 [illegible] 대수ᄐᆞᆫ 소리예 알며 靈령雲운和황尙썅도 工공夫붕ㅣ 至징極끅ᄒᆞ야셔 桃똫花황ㅅ 곳 보고 아니ᄒᆞ다이 築뉵著딱 磕캅著딱을 디내야ᅀᅡ 아ᄅᆞ시니라

悟옹了룧ᄒᆞ고 更깅問문悟옹後ᅘᅮᇢ事쑹件껀ᄒᆞ라

알오ᅀᅡ 다시 안 後ᅘᅮᇢㅅ 일ᄋᆞᆯ 믈으라

示씽覺각圓원上썅人신

參참禪션은 須숭透ᄐᆕᇢ祖종師ᄉᆼ關관ᄒᆞ며 妙ᄆᆕᇢ悟옹ᄂᆞᆫ 要ᅙᆗᇢ窮꿍心심路롱ㅣ 絶쪓이니

參참禪션은 모로매 祖종師ᄉᆼㅅ 關관ᄋᆞᆯ ᄉᆞᄆᆞᆺ 차ᅀᅡ ᄒᆞ리며 關관ᄋᆞᆫ 마ᄀᆞᆫ ᄯᅡ히라 微밍妙ᄆᆕᇢ히 아로ᄆᆞᆫ 모ᄅᆞ매 ᄆᆞᅀᆞᆷ 길흘 그추메 다ᄃᆞ라ᅀᅡ ᄒᆞ리니 祖종師ᄉᆼ關관ᄋᆞᆫ 수비 몯 ᄉᆞᄆᆞᆺᄂᆞᆫ 차ᄀᆞᆫ ᄯᅡ히니 趙ᄄᆕᇢ州즇 無뭉ᅙᆞ字ᄍᆼㅣ라

祖종關관ᄋᆞᆯ 不붏透ᄐᆕᇢᄒᆞ면 心심路롱ㅣ 不붏

絶졇ᄒᆞ면 盡진是씽依힁草촣附뿡木목精졍靈령이리라

祖종師ᄉᆞᆼ關관ᄋᆞᆯ ᄉᆞᄆᆞᆺ디 몯ᄒᆞ면 ᄆᆞᅀᆞᆷ맷 길히 긋디 몯ᄒᆞ면 다 프를 브트며 남기 브튼 精졍靈령이리라 精졍靈령은 넉시라

僧승이 問문趙똫州쥼호ᄃᆡ 狗궇子ᄌᆞᆼᄂᆞᆫ 還환有웋佛뿛性셩也양가ㅣ잇 無뭉가ㅣ잇 州쥼ㅣ 云운호ᄃᆡ 無뭉ㅣ라 ᄒᆞ니라

즁이 趙똫州쥼ᄭᅴ 무로ᄃᆡ 가히ᄂᆞᆫ 佛뿛性셩이 잇ᄂᆞ니잇가 업스니잇가 趙똫州쥼ㅣ 닐오ᄃᆡ 업다 ᄒᆞ니

只징者쟝箇강無뭉ㆆ字ᄍᆞᆼㅣ 是씽宗종門몬엣 一힗關관이니

오직 이 無뭉ㆆ字ᄍᆞᆼㅣ 宗종門몬엣 ᄒᆞᆫ 關관이니

有웋心심으로도 透틓不붏得득ᄒᆞ며 無뭉心심

으로透틓不블得득ᄒᆞ리라

有융心심으로도ᄉᆞᄆᆞᆺ디몯ᄒᆞ며無뭉心심으로도ᄉᆞᄆᆞᆺ디몯ᄒᆞ리라

惺셩惺셩靈령利링ᄒᆞᆫ直띡下향掀헌飜펀ᄒᆞ야捉작敗뺑趙뚷州즇ᄒᆞ던 還환我앙話황頭뚷來링ᄒᆞ라

읍읍ᄒᆞᆫ 노ᄅᆞᆫ 사ᄅᆞ믄 발ᄅᆞᆫ 이 원뎌 趙뚷州즇의 올긔ᄅᆞᆯ 자바ᄂᆞᆫ 내 마ᄅᆞᆯ 도로 가져오라

若쌱有융一힗毫흫末맗ᄒᆞ면且챵居겅門몬外욍다커

ᄒᆞ다가 ᄒᆞᆫ 터럭 긋매나 이시면 門몬外욍예 잇거다

覺각圓원上썅座쫭ᄂᆞᆫ覺각也양未밍아

妙묠覺각이圓원明명ᄒᆞ란ᄃᆡ當당識식趙뚷州즇是씽何ᄒᆞᆼ面면目목고ᄒᆞ리라

道뜰介갱無뭉ᄋᆞᆼ字쫑ᄒᆞᆫ意ᅙᅴᆼᄂᆞᆫ作작麼망生싱오 이어

覺각圓원上샹座쫭ᄂᆞᆫ 아ᄂᆞᆫ다 모ᄅᆞᄂᆞᆫ다
微밍妙묭ᄒᆞᆫ 아로미 圓원滿만히 ᄇᆞᆨ한
ᄃᆡ 반ᄃᆞ기 趙뚱州죵ㅣ 엇던 面면目목인
ᄃᆞᆯ 아로리라 無뭉字ᄍᆞᆼᄅᆞᆯ 닐오ᄃᆞᆫ 엇
뎨어뇨
蠢쓘動똥含함靈령이 皆갱有욷佛뿛性셩
ᄒᆞ거시니 趙뚱州죵ᄂᆞᆫ 因힌甚씸ᄒᆞ야 道똫無뭉ᄒᆞ뇨
구믈구믈ᄒᆞᄂᆞᆫ 衆즁生싱이 다 佛뿛性셩

이 잇거시니 趙뚱州죵ᄂᆞᆫ 어듸ᄅᆞᆯ 因힌ᄒᆞ
야 업다 니ᄅᆞ뇨
必빓竟경에 者쟝箇강無뭉字ᄍᆞᆼㅣ 落락
在쬥甚씸處청오
ᄆᆞᄎᆞ매 이 無뭉字ᄍᆞᆼㅣ 어늬고대 잇ᄂᆞ
뇨
本본覺각이 未밍明명ᄒᆞ거든 一힗一힗有욷疑
읭ᄒᆞ리니 大땡疑읭ᄒᆞ면 則즉有욷大땡悟옹ᄒᆞ리

니

本본來ᄅᆡᆼㅅ 아로미 ᄇᆞ리디 몯ᄒᆞ거든 다 疑ᅌᅵᆼ心심을 두리니 ᄏᆡ 疑ᅌᅵᆼ心심ᄒᆞ면 곧 ᄏᆡ 아로미 이시리니

却캭不블得득將쟝心심ᄒᆞ야 待ᄯᆡᆼ悟ᅌᅩᆼ며 又ᅌᅮᇢ不블得득以ᅌᅵᆼ意ᅙᅴᆼ로 求꾸ᇢ悟ᅌᅩᆼ며

ᄯᅩ ᄆᆞᅀᆞᄆᆞ로 가져 아로ᄆᆞᆯ 기드료미 몯ᄒᆞ리며 ᄯᅩ ᄠᅳ드로 아로ᄆᆞᆯ 求꾸ᇢ호미 몯ᄒᆞ리며

不블得득作작有ᅌᅮᇢ無뭉ᄒᆞ야 會ᅘᅬᆼ며 不블得득作작虛헝無뭉ᄒᆞ야 會ᅘᅬᆼ며 不블得득作작鐵텷掃ᄉᆞᇢ箒ᄌᆞᇢᄒᆞ야 用용이며 不블得득作작繫곙驢령橛꿔ᇙᄒᆞ야 用용이니라

有ᅌᅮᇢㅣ라 無뭉ㅣ라 ᄒᆞ야 아로미 몯ᄒᆞ리며 虛헝ᄒᆞ야 업슨 거시라 ᄒᆞ야 아로미 몯ᄒᆞ리며 쇠 ᄡᅳ리라 ᄒᆞ야 ᄡᅳ디 몯ᄒᆞ리며 나귀 ᄆᆡᆯ 말히라 ᄒᆞ야 ᄡᅳ디 몯ᄒᆞ리라

從쭁敎꾱疑읭團똰이日싏盛쎵케ᄒᆞ야於졍
二싱六륙時씽中듕四ᄉᆞ威쥥儀읭內뇡예
單단單단提뗑箇강無뭉ᅙᅙ字쭝ᄒᆞ야密밇密
밇히迴횅光광自쭝看칸ᄒᆞ리라
疑읭團똰이날로盛쎵케ᄒᆞ야二싱六륙
時씽中듕四ᄉᆞ威쥥儀읭內뇡예二싱六륙時씽
는열둘ᄢᅵ라四ᄉᆞ威쥥儀읭는녀며ᄀᆞ
마니아시며안ᄌᆞ며누ᄫᅳ며ᄒᆞ미라ᄒᆞ다
ᄆᆞᆫ다ᄆᆞᆫ無뭉ᅙᅙ字쭝ᄅᆞᆯ자바隱ᄒᆞᆫ密밇히

心심光광ᄋᆞᆯ두르혀제보리라
看칸來링ᄒᆞ며看칸去컹ᄒᆞ며疑읭來링ᄒᆞ며疑읭
去컹ᄒᆞ야百빅無뭉滋ᄌᆞᆼ味밍時씽예有울些
샹滋ᄌᆞᆼ味밍ᄒᆞ리니
올ᄒᆞᆫ제보며갈ᄒᆞᆫ제보며올ᄒᆞᆫ제疑읭心심ᄒᆞ며
갈ᄒᆞᆫ제疑읭心심ᄒᆞ야滋ᄌᆞᆼ味밍ᄀᆞ장업슨
ᄣᅢ저기滋ᄌᆞᆼ味밍이시리니
却캭不붏可캉生ᄉᆡᆼ煩뻔惱놓ㅣ니라

ᄯᅩᆫ煩뻔惱놓ㅣ 내요미 몯ᄒᆞ리라
疑읭得득重뜡ᄒᆞ면 話ᅘᅪᇰ頭뚷ᄅᆞᆯ 不붏提뗑ᄒᆞ야
도 自ᄍᆞᆼ然션現ᅘᅧᆫ前쪈ᄒᆞ리니 却캭不붏得득
歡환喜힁ㅣ라
疑읭心심이 重뜡ᄒᆞ면 話ᅘᅪᇰ頭뚷ᄅᆞᆯ 擧겅
티 아니ᄒᆞ야도 自ᄍᆞᆼ然션히 알ᄑᆡ 나ᄃᆞ리
니 ᄯᅩ 귓거ᄒᆞ미 몯ᄒᆞ리라
濃농淡땀을 任심他탕ᄒᆞ야 直띡如ᅀᅧᆼ老롷鼠
셩ㅣ 咬ᅌᅧᇢ棺관材찡ᄒᆞ야 只징管관提뗑箇강
無뭉ᅙ字쭝ᄒᆞ야 看칸ᄒᆞ리라
ᄒᆞ웍ᄒᆞ며셔 의ᄒᆞ올제 혼조초ᄒᆞ야 바ᄅᆞ
늘근 쥐 글너ᄒᆞ을 ᄀᆞ록 티ᄒᆞ야 오직 無뭉
ᅙ字쭝ᄅᆞᆯ 擧겅ᄒᆞ야 보리라
若약於헝坐쫭中듕에 得득妙묭定뗭力륵
資ᄌᆞᆼ든ᄒᆞ야 正졍好흫提뗑撕솅니
ᄒᆞ다가 안ᄌᆞᆫ 中듕에 微밍妙묭ᄒᆞᆫ 定뗭力

륵ᄃᆞ봄ᄋᆞᆯ어더든正졍히됴히잡ᄂᆞᆫ긇디
니
但딴不붏用용著땩力륵이爲윙妙묳ᄒᆞ니라
오직힘ᄲᅡ아니호미조ᅀᆞᄅᆞᄫᅵ니라
若샥著땩力륵提뗑撕셍ᄒᆞ면則즉解ᄬᆡᆼ散산
定뗭境경ᄒᆞ리라
ᄒᆞ다가힘두어잡들면定뗭力륵境경界갱
흐러디리라

能능善쎤用용心심ᄒᆞ야忽홇然션入십得득
定뗭時씽예却캭不붏可캉貪탐定뗭ᄒᆞ고而
싱忘망話ᅘᅫᆼ頭뚷ㅣ니라
能능히善쎤히ᄆᆞᅀᆞᄆᆞᆯᄲᅡ忽홇然션定뗭
에든ᄢᅦ ᄯᅩ定뗭力륵을貪탐코話ᅘᅫᆼ頭뚷
니주미몯ᄒᆞ리라
若샥忘망却캭話ᅘᅫᆼ頭뚷ᄒᆞ면則즉落락空콩
去컹ᄒᆞ야無뭉有읗妙묳悟옹ᄒᆞ리라

ᄒᆞ다가 話ᅘᅫᆼ頭뚷옷 니ᄌᆞ면 空콩애 디여 微밍妙묳히 아로미 업스리라

起킝定뗭時씽예도 亦역要ᅙᅧᇢ保봉護ᅘᅩᆼ定뗭力륵호리니

定뗭을 起킝ᄒᆞᆫ ᄢᅴ도 ᄯᅩ 모로매 定뗭力륵을 便뼌安안히 護ᅘᅩᆼ持띵호리니

於ᅙᅥᆼ動똥靜쪙中듕에 一ᅙᅵᇙ如ᅀᅧᆼㅣ라 會ᅘᅬᆼ混혼

ᄞᅡᆷ과 掉뗳擧겅왜 悉싏絕쪓ᄒᆞ야도 亦역莫막

生ᄉᆡᆼ喜힁心심이어다

뮈나 ᄀᆞ마니 잇거나 호매 ᄒᆞᆫ가지라 ᄌᆞ오롬과 雜짭念념괘 다 그처도 ᄯᅩ 깃븐 ᄆᆞᅀᆞᆷ 내디 마롤디어다

忽홀然션囫ᅘᅬᇙ地띵 一ᅙᅵᇙ聲셩에 透틓過광趙띃州즇關관已잉ᄒᆞ야

믄득 ᄒᆞ ᄒᆞ논 소리예 趙띃州즇關관ᄋᆞᆯ ᄉᆞᄆᆞ차 디나 (囫ᅘᅬᇙ地띵ᄂᆞᆫ 몸어 뎃던게 슬어 더셔 화ᄒᆞᆫ 논소리라)

一힗一힗下ᅘᅣᇰ語ᅌᅥᆼ一諦뎽當당ᄒᆞ야 箭젼箭젼이 拄뜡鋒퐁ᄒᆞ면

닐온 말마다 맛당ᄒᆞ야 살와 살와 ᄂᆞᆯ히 맛ᄃᆞ

ᄃᆞᄅᆞ면 두 사리 서르 맛ᄃᆞᆫ다 ᄒᆞ논 마ᄅᆞᆫ 스ᄉᆼ과 弟뗑子ᄌᆼ와ᄒᆞ야 工공夫붕

ㅣ ᄒᆞᆫ개지로 ᄆᆞᆯ니ᄅᆞ니라

勘캄破광趙뚷州쥼의 得득人신憎증處청ᄒᆞ야 法법法법을 圓원通통ᄒᆞ야 差창別뼗ᄒᆞᆫ 機긩緣원을 一힗一힗明명了룧ᄒᆞ리니

趙뚷州쥼의 사ᄅᆞ미게 믜ᅇᅵᆫ 고ᄃᆞᆯ 아라 法법法법을 圓원滿만히 通통達딿ᄒᆞ야 差창別뼗ᄒᆞᆫ 機긩緣원을 다 ᄂᆞᆯ기 알리니 正졍要ᅙᅭᇢ求꿓悟ᅌᅩᆼ後ᅘᅮᇢ生ᄉᆡᆼ涯ᅌᅢᆼ ᄒᆞ리라

正졍히 모ᄃᆞᆫ 後ᅘᅮᇢ에 사ᄅᆞ미 求꿓호 ᅵ 리라

若ᅀᅣᆨ不붏然ᅀᅧᆫᄒᆞ면 如ᅀᅥᆼ何ᅘᅡᆼ得득成쎵法법器킝ᄒᆞ리오

ᄒᆞ다가 그러티 몯ᄒᆞ면 엇뎨 法법器킝ᄃᆞ외리오

宜ᅌᅵᆼ觀관、先션聖셩摽표格격이언 切쳥忌끵 杜똥撰짠이나 會횡麼망아 녯 聖셩人신ᄂᆡᆺ 보람ᄋᆞᆯ 보미 맛당컨뎡 모ᄃᆡ 杜똥撰짠ᄋᆞᆯ 마롤 디니 아라ᄂᆞᆫ다 杜똥撰짠은 杜똥家강ᄋᆡ 撰짠集찝이니 實씷티 아니ᄒᆞᆫ 글와리라

示씽惟윙正졍上썅人신

五옹祖종演연和황尚썅이 示씽衆즁云운ᄒᆞ샤ᄃᆡ 釋셕迦강彌밍勒륵이 猶융是씽他탕奴농ㅣ니라 ᄒᆞ니 他탕ᄂᆞᆫ 是씽阿항誰쒸오

五옹祖종演연和황尚썅이 衆즁人신ᄋᆞᆯ 뵈야 닐오ᄃᆡ 釋셕迦강彌밍勒륵이 오히려 ᄂᆞᄆᆡ 죵이라 ᄒᆞ니 ᄂᆞᄆᆞᆫ 누구

直띡下향悟옹徹텷ᄒᆞ야 道똫得득諦뎽當당ᄒᆞ면 可캉以잉超툥脫퇋分뿐段똰生싱死ᄉᆞᆼ

ᄒᆞ리니
바ᄅᆞ아라 ᄆᆞᆺᄃᆞᆼ히 니ᄅᆞ면 어루 分뿐段똰
生싱死ᄉᆞᆼᄅᆞᆯ 여희리니
更깅進진竿간頭뚷闊괋步뽕ᄒᆞ야ᅀᅡ 了룧大
땡丈땽夫붕事ᄊᆞᆼ業업ᄒᆞ리라
다시 댓ᄀᆞ테 어윈 거르믈 나ᅀᅩ 드듸여ᅀᅡ
大땡丈땽夫붕의 이ᄅᆞᆷ ᄆᆞᄎᆞ리라
惟윙正졍上샹座쫭ᄂᆞᆫ 能능悟옹徹텷也양

아 未밍마
惟윙正졍上썅座쫭ᄂᆞᆫ 能능히 아란다ᄒᆞᆯ
란다
否붛則즉急급宜읭惺셩惺셩ᄒᆞ야 下항眞진
實씷工공夫붕ᄒᆞ야 如셩法법叅참究궁ᄒᆞ야 以
잉大땡悟옹로 爲윙入십門몬ᄒᆞ리라
몯아라ᄃᆞᆫ 섈리 惺셩惺셩히 ᄒᆞ야 眞진實
씷工공夫붕ᄅᆞᆯ ᄒᆞ야 法법다비 叅참究궁

ᄒᆞ야 ᄀᆡ아로ᄆᆞᆯ 門몬에 드로ᄆᆞᆯ 사모리라 叅참究궁ᄂᆞᆫ ᄎᆞᄌᆞᆯ씨라

所송謂윙叅참究궁者쟝ᄂᆞᆫ 當당疑읭釋셕迦강彌밍勒륵이 是씽佛뿛이시거시니 因인甚씸ᄒᆞ야 猶융是씽他탕奴농ㅣ어뇨 必빓竟경앤 他탕是씽阿항誰쓍어뇨ᄒᆞ리니 닐온 叅참究궁ᄒᆞ요ᄆᆞᆫ 반ᄃᆞ기 釋셕迦강彌밍勒륵이 이 부톄시거시니 엇던 ᄃᆞᆯ 因힌ᄒᆞ야 오히려 ᄂᆞ미 죵이어뇨 ᄒᆞᄆᆞᆯ ᄎᆞ맨 ᄂᆞᆫ 뉘어뇨ᄒᆞ야 疑읭心심ᄒᆞ리니

疑읭得득盛썽ᄒᆞ거든 却컥提뗑撕솅他탕是씽阿항誰쓍ᄒᆞ야 迴횡光광自쫑看칸ᄒᆞ리라 疑읭心심이 盛썽커든 또 ᄂᆞ믄 뉘어뇨ᄒᆞᄆᆞᆯ 擧겅ᄒᆞ야 光광ᄋᆞᆯ 도ᄅᆞ혀 제 보리라

不븛要흉用용心심大땡緊긴이니 緊긴則즉動똥色식心심ᄒᆞ야 生싱病뼝ᄒᆞ리라

모ᄃᆡ 힘ᄡᅮ몰 키 時씽急급히 아니홀디니
時씽急급ᄒᆞ면 色싁心심을 미무워 病뼝이
나리라
不블可캉大땡緩ᅘᆑᆫ이니 緩ᅘᆑᆫ則즉忘망却
캭話ᅘᅌᅫᆼ頭뚷ᄒᆞ야 入ᅀᅵᆸ昏혼沉띰掉뚛擧겅去
컹也양ᄒᆞ리라
키 날회야 ᄒᆞ오미 외니 날회야 ᄒᆞ면 話ᅘᅌᅫᆼ
頭뚷ᄅᆞᆯ 니저 昏혼沉띰과 雜짭念념괘 들

리라
妙몋在ᄍᆡᆼ善쎤用용其끵心심ᄒᆞ니
조ᄉᆞᄅᆞᆫ 뵈요미 그 ᄆᆞᅀᆞᄆᆞᆯ 善쎤히 ᄡᅮ메 잇ᄂᆞ니
發벓盡찐正졍信신心심ᄒᆞ야 捨샹盡찐一잃
切쳉世솅間간心심ᄒᆞ고 惺셩惺셩密밇密밇
힝提뗑撕솅ᄒᆞ면
正졍ᄒᆞᆫ 信신心심을 ᄀᆞ장 發벓ᄒᆞ야 一잃
切쳉世솅間간앳 ᄆᆞᅀᆞ믈 ᄀᆞ장 ᄇᆞ리고 ᄉᆞᆲ

숨비隱ᅙᅳᆫ密밇히話ᅘᅫᆼ頭뚷ᄅᆞᆯ잡드러ᄒᆞ
면
於ᅙᅥᆼ坐쫭中듕에最좽易잉得득力륵ᄒᆞ리니
안ᄌᆞᆫ中듕에ᄆᆞᆺ히믈수ᄫᅵ得득ᄒᆞ리니
初총坐쫭時씽예抖듷擻숳精졍神씬ᄒᆞ야放
방教곻身신体톙로端돤正졍뎡이언不븛可
캉背빙曲콕이니라
처ᅀᅥᆷ안ᄌᆞᆷ저긔精졍神씬올ᄠᅥ러펴

모ᄆᆞ로端돤正졍히ᄒᆞᇙ디언뎡을구표미
몯ᄒᆞ리라
頭뚷腦놓ᄅᆞᆯ卓탁竪쓩ᄒᆞ고眼안皮삥ᄅᆞᆯ不븛
動똥ᄒᆞ야平뼝常썅히開캥眼안ᄒᆞ리니
머리ᄅᆞᆯ구즈기셰오눈시우ᄅᆞᆯ뮈우디아
니ᄒᆞ야平뼝常썅히누늘ᄠᅳ리니
眼안睛졍이不븛動똥ᄒᆞ면則즉身신心심이
俱궁靜쪙ᄒᆞ리니靜쪙而싱然션後ᅘᅮᇢ에ᅀᅡ定뗭

이니라

눈ᄌᆞᅀᅵ 뮈디 아니ᄒᆞ면 곧 몸과 ᄆᆞᅀᆞᆷ괘 다
寂쩍靜쪙ᄒᆞ리니 寂쩍靜쪙ᄒᆞᆫ 後ᅘᅮᇢ에ᅀᅡ
定뗭이니라

定뗭中듕에 却캭要ᅙᅭᇢ話ᅘᅪᆼ頭뚷ᄅᆞᆯ 現현前쪈
ᄒᆞ리니 不붏可캉貪탐定뗭ᄒᆞ고 而ᅀᅵ忘망話ᅘᅪᆼ
頭뚷ㅣ니
定뗭中듕에 ᄯᅩ 모로매 話ᅘᅪᆼ頭뚷ᄅᆞᆯ 알ᄑᆡ
나토오리니 定뗭을 貪탐코 話ᅘᅪᆼ頭뚷ㅣ니
주미 몰ᄒᆞ리니

忘망則즉落락空콩ᄒᆞ야 反번被삥定뗭迷몡
ᄒᆞ야 無뭉有ᅌᅮᇢ是씽處쳥ᄒᆞ리라
니즈면 空콩애 디여 도ᄅᆞ혀 定뗭의 어리
요ᄆᆞᆯ 니버 올ᄒᆞ고 디 업스리라

定뗭中듕에 得득力륵이 易잉ᄒᆞ니 却캭要ᅙᅭᇢ
惺셩惺셩不붏昧밍라 ᄒᆞ리

定뗭中듕에 힘어두미 쉬ᄫᅳ니 ᄯᅩ ᄉᆞᆷ모ᄃᆡ ᄉᆞᆸᄉᆞᆯ비ᄒᆞ야 아ᄌᆞᆯ티 아니호리라

忽홇有웋一힗切쳉好홓惡홍境겡界갱現현時씽어든 都동不붏要ᅙᅣᇢ管관他탕ㅣ니라

믄득 一힗切쳉 됴ᄒᆞ며 구즌 境경界갱現현ᄒᆞᇙ 저기 잇거든 다 모ᄃᆡ 뎌를 가졧디마로리라

話ᅘᅫᆼ頭뚷ㅣ 分분曉ᅘᅧᇢᄒᆞ면 倏슉忽홇애 境경界갱 自쭝淸청ᄒᆞ리라

話ᅘᅫᆼ頭뚷ㅣ 分분明명ᄒᆞ면 아니ᄒᆞᆫ더데 境경界갱 自쭝然션히 ᄃᆞᆨ리라

起킝定뗭之징時씽예 纔쪼纔쪼動똥身신ᄒᆞ야 護홍持띵定뗭力륵ᄒᆞ리나

定뗭에 起킝ᄒᆞᆯ 쁴 ᄌᆞᄂᆞᆨᄌᆞᄂᆞ기 모ᄅᆞᆯ 뮈워 定뗭力륵을 護홍持띵ᄒᆞ리니

於정動똥用용中듕에 保봉持띵得득話ᅘᅫᆼ

頭뚷ᄒᆞ야有웋疑읭ᄅᆞᆯ提뗑撕솅ᄒᆞ면不붏用용力륵ᄒᆞ야도緜면緜면密밇密밇ᄒᆞ야無뭉有웋閒간斷똰時씽연

ᄂᆞᆯ위여ᄒᆞ니ᄂᆞᆫ中듕에話ᅘᅫᆼ頭뚷ᄅᆞᆯ便뼌安한히디녀疑읭心심을잡들면힘ᄡᅳ디아니ᄒᆞ야도니ᄉᆞ취며隱ᅙᅳᆫ密밇ᄒᆞ야그처딘ᄢᅦ업스ᄲᅵᆫ

工공夫붕ㅣ漸쪔漸쪔成쎵片편ᄒᆞ야得득如셩澄띵秋츄野양水숭ㅣ湛땀湛땀淸쳥淸쳥ᄒᆞ야縱죵有웋風봉動똥ᄒᆞ야도並뼝是씽淸쳥波방ㅣ리라

工공夫붕ㅣ漸쪔漸쪔ᄒᆞᄂᆞᆫ무저기드외야몰곡ᄉᆞᆷ미ᄒᆡᆺᄃᆞ리몰록ᄒᆞ며몰고미글ᄒᆞ야비록ᄇᆞ릇미뮈여도다이물ᄀᆞᆲ겨리리라

到동如셩是씽時씽ᄒᆞ얀大땡悟옹ㅣ近끈矣

읭리 ㅣ·니 라니

却각不블得득將쟝心심ᄒᆞ야待ᄄᆡᆼ悟옹

이런ᄢᅴ니르러ᄂᆞᆫ키아로미갓가ᄫᆞ리

니ᄠᅳ·ᄆᆞᅀᆞᄆᆞᆯ가져알오ᄆᆞᆯ기들우미몯ᄒᆞ

리라

不블要ᅙᅧᇢ求끃人신穿쳔鑿짝ᄒᆞ며不블要

ᅙᅧᇢ思ᄉᆞ量량卜복度ᄯᅡᆨᄒᆞ며不블要ᅙᅧᇢ求끃

解갱會ᅘᅬᆼ호곡但딴提뗑話ᅘᅫᆼ頭뚷ᄒᆞ야看

칸 호리라

모ᄃᆞᆫ ᄃᆡ 미게 穿쳔鑿짝히 求끃티 말며 모

ᄃᆡ 헤아리며 저즈리디 말며 모ᄃᆡ 아로ᄆᆞᆯ

求끃티 말옥 오직 話ᅘᅫᆼ頭뚷를 擧겅ᄒᆞ야

보리라 穿쳔鑿짝은 욀 씨라

若ᅀᅣᆨ其끵他탕公공案한애 有ᅌᅮᇢ疑ᅌᅴᆼ나거

끕經경典뎐上썅애 有ᅌᅮᇢ疑ᅌᅴᆼ어든 盡진攝셥

歸귕來ᄅᆡᆼ他탕是씽阿항誰쒱上썅ᄒᆞ야看칸

ᄒᆞ리라

ᄒᆞ다가 그 다ᄅᆞᆫ 公공案한애 疑읭心심이 잇거나 ᄯᅩ 經경典뎐에 疑읭心심이 잇거든 다 뫼화 뎌ᄂᆞᆫ 이 뉘어 뇨ᄒᆞ매 가져다가 보리라

衆즁疑읭逼빅、發벓ᄒᆞ야 築득著딱 磕캅著딱ᄒᆞ야 囫홣地띵一힗聲셩에 正졍眼안이 開캥明명ᄒᆞ면

한 疑읭心심이 다와다 發벓ᄒᆞ야 맛ᄃᆞ라 화ᄒᆞᆫ 논ᄒᆞᆫ 소리예 正졍ᄒᆞᆫ 누니 여러 ᄇᆞᆰ、면

便뻔能능下ᅘᅡᆼ得득到둫家강語엉와 投뚷機긩語엉와 箭젼鋒퐁相샹柱뜡語엉ᄒᆞ야 識식得득差창別볋機긩緣원ᄒᆞ야 前쪈來ᄅᆡᆼ所송有윻一힗切쳉疑읭碍ᅌᅢᆼ 冰빙消숗無뭉餘영ᄒᆞ리라

곧能능히지븨니르로ᄆᆞᆯ와機깅緣원에
마ᄌᆞᆫ말와삸그티설맛ᄃᆞᆫᄃᆞᆺᄒᆞᆫ말ᄅᆞᆯ닐
어여러가짓機깅緣원을아라아리잇
던一힗切쳉疑읭心심과마ᄀᆞᆫ싸히어름
消숗ᄃᆞᆺᄒᆞ야나ᄆᆞᆫ거시업스리라
法법法법올圓원通통ᄒᆞ야得득升싱堂땅已
잉ᄒᆞ고도切쳥忌끵小숗了룧다ㅣ어
法법法법올圓원滿만히通통達딿ᄒᆞ야

升싱堂땅ᄒᆞ고ᄃᆞ모디져기아로ᄆᆞᆯ마ᄅᆞᇝ
디어다
更깅來ᄅᆡᆼᄒᆞ라指징汝ᅀᅧᆼ의進진步뽕入십室
싫ᄒᆞ야了룧徹텷大땡事ᄊᆞᆼ케ᄒᆞ라라
다시오라너의나ᅀᅩ거러室싫에드르리
ᄅᆞᆯ곧처大땡事ᄊᆞᆼᄅᆞᆯᄉᆞᄆᆞᆺ알에ᄒᆞ오리라升싱堂땅
入십室싫은堂땅애올아室싫에들씨나道똫理링아논次ᄎᆞᆼ第뗑라
示씽聰총上썅人신

黃황檗벽이 見견百빅丈땽ᄒᆞ야 擧겅再징叅참機깅緣원ᄒᆞᆫ대 便뼌吐통舌쎯ᄒᆞ니 是씽ᄂᆞᆫ得득百빅丈땽力륵耶양아 得득馬망祖종力륵耶양아

黃황檗벽이 百빅丈땽을 보아ᄂᆞᆯ 馬망祖종ᄭᅴ 다시 가 절ᄒᆞᆫ 機깅緣원을 擧겅ᄒᆞᆫ대 곧 혀를 비바ᄐᆞ니 이ᄂᆞᆫ 百빅丈땽ㅅ 힘을 得득ᄒᆞ니야 馬망祖종ㅅ 힘을 得득ᄒᆞ니야

巖암頭뚷ㅣ 見견德득山산ᄒᆞ야 一힗喝핧ᄒᆞᆫ대 便뼌禮령拜뱅ᄒᆞ니 是씽ᄂᆞᆫ 知딩恩ᅙᅳᆫ耶양아 報봉恩ᅙᅳᆫ耶양아

巖암頭뚷ㅣ 德득山산을 보아ᄂᆞᆯ ᄒᆞᆫ번 喝핧ᄒᆞᆫ대 喝핧은 헥흘씨니 비홇사ᄅᆞ미 혜아료미 다 ᄇᆞ려 ᄃᆡ귀우리 ᄐᆞᆯ씨라 곧 절ᄒᆞ니 이ᄂᆞᆫ 恩ᅙᅳᆫ을 알아라 ᄒᆞ니야 恩ᅙᅳᆫ을 갑가라 ᄒᆞ니야

又읗答답洞똥山산語엉ᄒᆞ야云운ᄒᆞ다我앙ㅣ當당時씽예一힗手슣로擡뗭ᄒᆞ고一힗手슣로搦닉ᄒᆞ호니라那낭裏링是씽他탕의擡뗭搦닉處청오

ᄯᅩ洞똥山산ᄆᆞᆯ ᄅᆞᆯ對됭答답ᄒᆞ야닐오ᄃᆡ 내그ᄢᅴᄒᆞᆫ소ᄂᆞ로받고ᄒᆞᆫ소ᄂᆞ로눌로라 ᄒᆞ니어늬뎌의받ᄃᆞ며누르노ᄂᆞᆫ고 ᄯᅩ洞똥山산ᄆᆞᆯ對됭答답ᄒᆞ오ᄆᆞᆫ巖암頭뚷의 德득山산 절ᄒᆞᆫ이ᄅᆞᆯ洞똥山산이닐오ᄃᆡ巖암頭뚷옷아니런ᄃᆞᆫ德득山산ㅅ 喝핧을몯알리랏다ᄒᆞ야ᄂᆞᆯ巖암頭뚷ㅣ 그말對됭答답ᄒᆞ욘마리라

見견徹텷二싱老롷의骨곯髓슁者쟝ㅣᆫ댄便뼌好홓者쟉一힗轉뒨語엉ᄒᆞ야截쪓斷돤諸졍方방舌쎯頭뚷ㅣ니ᄒᆞ리許헝汝ᅀᅥᆼ得득入ᅀᅵᆸ門몬已잉호리라

ᄃᆞᆫ늘그늬骨곯髓슁ᄅᆞᆯᄉᆞᄆᆞᆺ보닌댄고ᄃᆞᆫ됴히ᄒᆞᆫ디위말ᄉᆞᆷᄒᆞ야여러方방앳마ᄅᆞᆯᄀᆞᄉᆞ누

르리니네門몬의드다ᄒᆞ오리라
其끵或ᅘᅬᆨ末맗然ᅀᅧᆫ커든急급宜읭叅참究궁
ᄒᆞ니若ᅀᅣᆨ涉썹叅참究궁ᄒᆞᆯ딘댄便뼌論론工공
夫붕ᄒᆞᆯ디니라
ᄒᆞ다가그러티몯거든셜리叅참究궁호
미맛당ᄒᆞ니ᄒᆞ다가叅참究궁에干간涉
썹홇딘댄곧工공夫붕ᄅᆞᆯ닐옳디니라
直띡須슝依힁本본分뿐ᄒᆞ야如영法법ᄒᆞ야

始싱得득ᄒᆞ리라
바ᄅᆞ로매本본分뿐을브터法법다빙
ᄒᆞ야ᅀᅡ비르소올ᄒᆞ리라
當당於헝本본叅참ᄒᆞ논公공案한上썅애有
웅疑읭ᄒᆞ리니大땡疑읭之징下ᄢᅧᆼ엔必빓有
웅大땡悟옹ᄒᆞ리니
받기本본來ᄅᆡ叅참究궁ᄒᆞ논公공案한애
疑읭心심을두리니큰疑읭心심ㅅ그텐

받ᄂᆞᆫ 기키 아로미 이시리니

千쳔疑읭萬먼疑읭ᄅᆞᆯ 倂병作작一ᅙᅵᇙ疑읭ᄒᆞ야 於ᅙᅥᆼ本본叅참上썅애 取츙辦빤ᄒᆞ리라

千쳔疑읭萬먼疑읭ᄅᆞᆯ 다ᄒᆞᆫ 疑읭心심을 밍ᄀᆞ라 그 本본來ᄅᆡᆼ叅참究궁에 일우ᄆᆞᆯ 取츙ᄒᆞ리라

若약不블疑읭言언句궁ㅣ 是씽爲윙大땡病뼝이니

ᄒᆞ다가 言언句궁에 疑읭心심 아니ᄒᆞ미 이 큰 病뼝이니라

仍싱要ᅙᅭᇂ盡찐捨샹諸졍緣원ᄒᆞ고 於ᅙᅥᆼ四ᄉᆞᆼ威ᅙᅱᆼ儀읭內ᄂᆞᆼ外ᅌᅪᆼ二ᅀᅵᆼ六륙時씽中듕에 單단提뗑箇강話ᅘᅪᆼ頭뚷ᄒᆞ야 迴ᅘᅬᆼ光광自쯩看칸ᄒᆞ리

모ᄃᆞᆫ 諸졍緣원을 다 ᄇᆞ리고 네 威ᅙᅱᆼ儀읭內ᄂᆞᆼ外ᅌᅪᆼ 두 여슷 ᄢᅵ 다ᄆᆞᆫ 다ᄆᆞᆫ 話ᅘᅪᆼ頭뚷ᄅᆞᆯ

자바 光광ᄋᆞᆯ 두르ᅘᅧ 제 보리라

若ᅀᅣᆨ於헝坐쫭中듕에 得득力륵이 最죙多당ᄒᆞ니 坐쫭宜읭得득法법이언뎡 不붏要흫瞠탕眉밍努농目목ᄒᆞ야 遏핧捺낧身신心심나어라

坐쫭中듕에 힘어두미 몯ᄒᆞ니 坐쫭ᄅᆞᆯ 法법으로 ᄒᆞᇙ디언뎡 눈서블 바ᄅᆞ 보아 누늘 힘ᄡᅥ ᄣᅥ 몸과 ᄆᆞᅀᆞᆷ과ᄅᆞᆯ ᄌᆞᄂᆞᆯ로ᄆᆞᆯ 모디 마ᄅᆞᇙ디니라

若ᅀᅣᆨ用용氣킝力륵ᄒᆞ면 則즉招좋病뼝苦콩ᄒᆞ리라

ᄒᆞ다가 氣킝力륵ᄋᆞᆯ 힘ᄡᅥ ᄒᆞ면 곧 病뼝苦콩ᄅᆞᆯ 어드리라

但딴端돤身신正졍坐쫭ᄒᆞ야 平뼝常썅閑캥眼안ᄒᆞ야 身신心심과 境경界갱와ᄅᆞᆯ 不붏必빓顧공着땩이니라

오직 모로매 端돤正졍히 ᄒᆞ야 正졍히 안자
平뼝常썅히 눈 ᄠᅳ며 身신心심과 境경
界갱와ᄅᆞᆯ 반ᄃᆞ기 도라보디 마롤디니라
或ᅘᅬᆨ有ᅌᅮᇢ昏혼沉띰掉뚷擧겅ᄒᆞ거든 著땩些샹
精졍彩ᄎᆡᆼᄒᆞ야 提똉擧겅 一힗二ᅀᅵᆼ聲셩話ᅘᅫᆼ
頭뚷ᄒᆞ면 自쯩然ᅀᅧᆫ 諸졍魔망ㅣ 消숗滅멿ᄒᆞ리라
ᄒᆞ다가 昏혼沉띰과 雜짭念념괘 잇거든
져기 ᄌᆞᆨ지ᄒᆞ야 ᄒᆞᆫ두 소릿 話ᅘᅫᆼ頭뚷ᄅᆞᆯ

擧겅ᄒᆞ면 自쯩然ᅀᅧᆫ 諸졍魔망ㅣ 消숗滅
멿ᄒᆞ리라
眼안定뗑ᄒᆞ면 而ᅀᅵᆼ心심定뗑ᄒᆞ고 心심定뗑ᄒᆞ면
而ᅀᅵᆼ身신定뗑ᄒᆞᄂᆞ니리 若ᅀᅣᆨ得득定뗑時씽예
不붏可캉以잉爲윙能능事ᄊᆞᆼㅣ니라
누니 一힗定뗑ᄒᆞ면 ᄆᆞᅀᆞ미 一힗定뗑ᄒᆞ
곰 ᄆᆞᅀᆞ미 一힗定뗑ᄒᆞ면 모미 一힗定뗑
ᄒᆞ리니 ᄒᆞ다가 定뗑을 어든 저긔 能능ᄒᆞᆫ

일삼모미몯ᄒᆞ리라
或혹忘망話황頭뚷ᄒᆞ야沉띰空콩滯뗑寂쩍
ᄒᆞ면不붏得득大땡悟옹ᄒᆞ야反번爲윙大땡病
뼝ᄒᆞ리라
ᄒᆞ다가話황頭뚷로니저空콩애빼디며
寂쩍에걸면키아디몯ᄒᆞ야두르혀큰病
뼝이ᄃᆞ외리라
吾옹祖종ㅣ西솅來링ᄒᆞ야單단提뗑直띡指

法語 三十七

징ᄒᆞ야以잉大땡悟옹爲윙入십門몬ᄒᆞ고ᄒᆞ시不
붏論론禪쎤定뗑神씬通통ᄒᆞ시니此충是씽
末맗邊변事쑹ᄂᆞᆫ씨니라
우리祖종師ᄉᆞㅣ西솅ㅅ녀그로셔와다
몬바ᄅᆞ ᄀᆞᄅᆞ쵸ᄆᆞᆯ자바키아롬ᄋᆞ로ᄡᅥ門
몬ᄋᆞᆯ삼ᄋᆞ시고禪쎤定뗑神씬通
통ᄋᆞᆯ니ᄅᆞ디아니ᄒᆞ시니이末맗邊변엣
이릴씨니라 末맗邊변ᄋᆞᆫ枝징葉엽을닐오니라

若샥於헝定뗭中듕에得득悟옹明명者쟝ᅵ
는智딩慧쮕却캭能능廣광大땡ᄒᆞ야水슁陸
륙에並뼝進진也양ᄒᆞ리라
ᄒᆞ다가定뗭中듕에아닌智딩慧쮕ᄯᅩ能
능히너브며커믈와뭍과애다나사가리
라 믈와뭍과ᄂᆞᆫ事쏭理링俱궁通통ᄒᆞᆯ씨라
工공夫붕ᅵ若샥到됼濃농一힗上썅淡땀
一힗上썅ᄒᆞ야無뭉滋중味밍時씽어든正졍好

法語 三十八

흫進진步뽕ᄒᆞ야漸쪔入십程뗭節졇ᄒᆞᆯ디니切
쳉不붏可캉放방捨샹ᅵ니라
工공夫붕ᅵᄒᆞ다가흐워기ᄒᆞᆫ디위ᄒᆞ고
서의히ᄒᆞᆫ디위ᄒᆞ야滋중味밍업슨ᄢᅵ니
르거든正졍히거르믈나사드듸여漸쪔
漸쪔程뗭節졇에드롫디니모ᄃᆡᄇᆞ료미
몯ᄒᆞ리라 程뗭節졇은길녀가ᄂᆞᆫᄆᆞᄃᆡ라
惺셩惺셩ᄒᆞ면便뼌入십靜쪙ᄒᆞ리니靜쪙而싱

後ᅘᅮᇢ에ᅀᅡ 定뗭이니 定뗭各각有ᅌᅮᇢ名명ᄒᆞ니 有ᅌᅮᇢ邪썅有ᅌᅮᇢ正졍ᄒᆞ니 宜ᅌᅵᆼ知딩之징어다

ᅀᅳᆲᅀᅳᆲᄒᆞ면 곧 寂쩍靜쪙에 들리니 寂쩍靜쪙ᄒᆞᆫ 後ᅘᅮᇢ에ᅀᅡ 定뗭이니 定뗭이 各각各각 일후미 잇ᄂᆞ니 邪썅도 이시며 正졍도 잇ᄂᆞ니 아로미 宜ᅌᅵᆼ커다

起킝定뗭後ᅘᅮᇢ에 身신心심이 輕켱清쳥ᄒᆞ야 一ᅙᅵᇙ切쳉處쳥에 省싱力륵ᄒᆞ야 於ᅙᅥᆼ動똥中

듕에 打당成쎵一ᅙᅵᇙ片편커든 却캭當당字ᄍᆞᆼ細솅用용心심이니라

定뗭을 起킝ᄒᆞᆫ 後ᅘᅮᇢ에 身신心심이 輕켱清쳥ᄒᆞ야 輕켱清쳥은 몸 가ᄇᆡ얍고 ᄆᆞᅀᆞᆷ ᄆᆞᆯᄀᆞᆯ씨라 一ᅙᅵᇙ切쳉處쳥에 힘ᄡᅮ미 ᄶᅧ거 뮈여ᄒᆞ니ᄂᆞᆫ 中듕에 ᄒᆞᆫ무저기 ᄃᆞ외어든 ᄯᅩ 반ᄃᆞ기 字ᄍᆞᆼ細솅 힘ᄆᆞᅀᆞ몰 ᄡᅳᇙ디니라

趂틴逐뜍工공夫붕ᄒᆞ야 始싱終즁에 不블離

링 靜쪙淨쪙二싱字쭝ᄒᆞ리 靜쪙極극ᄒᆞ야 便뼌覺각ᄒᆞ고 淨쪙極극엔 光광이 通통達딿ᄒᆞᄂᆞ니라

工공夫붕ᄅᆞᆯ 조차ᄒᆞ야 始싱와 終즁과애 靜쪙淨쪙二싱字쭝ᄅᆞᆯ 여희디 아니ᄒᆞ리니 寂쩍靜쪙이 至징極극ᄒᆞ야ᄂᆞᆫ 곧 알오 조ᄒᆞ미 至징極극엔 光광明명이 通통達딿ᄒᆞᄂᆞ니라

氣킝肅숙風봉淸청ᄒᆞ야 動똥靜쪙境경界갱 如영秋츙天텬相샹似ᄊᆞᆼ時씽ㅣ 是씽第뗑一힗箇강程뗑節졇이나

氣킝韻운이 肅숙靜쪙ᄒᆞ며 (肅숙靜쪙은 괴외ᄒᆞᆯ 씨라) 家강風봉이 ᄆᆞᆯ가 (家강風봉은 ᅀᆞ믈 니ᄅᆞ니라) ᄆᆞ며 고외ᄒᆞᆫ 境경界갱ᄀᆞᅀᆞᆶ 하ᄂᆞ리 곧ᄒᆞᆫ 뻬이 第뗑一힗ᄆᆞᄃᆡ니

便뼌宜잉乘씽時씽進진步뽕ㅣ니라

곧 그 ᄠᅳ들 乘씽ᄒᆞ야셔 나ᅀᅳ거롤디니라

如셩澄뗭秋츙野양水싱ᄒᆞ며 如셩古공廟묠

裏링香향爐롱相샹似ᄊᆞᆼᄒᆞ야 寂쪅寂쪅惺셩

惺셩ᄒᆞ야 心심路롱ㅣ 不붏行ᅘᆡᆼ時씽ㅣ 亦역

不붏知딩有ᇢ幻ᅘᆆᆫ身신이 在ᄍᆡᆼ人신閒간

ᄒᆞ고

ᄆᆞᆯᄀᆞᆫ ᄀᆞᅀᆞᆳ 미햇 므리 ᄀᆞᆮᄒᆞ며 녯 廟묠쏘뱃

香향爐롱ㅣ ᄀᆞᆮᄒᆞ야 괴외ᄒᆞ며 ᅀᆞᆲᅀᆞᆲᄒᆞ야

ᄆᆞᅀᆞᄆᆡᆺ 길히 녀디 아니홀 ᄢᅴ 또 幻환身신

이 人신閒간애 잇ᄂᆞᆫ ᄃᆞᆯ 모ᄅᆞ고

但딴見견箇강話뽱頭뚷옷 綿면綿면不붏

絶쭳ᄒᆞ리니

오직 話뽱頭뚷옷 니ᅀᅳ며 니ᅀᅥ 긋디 아니

ᄒᆞᄂᆞᆫ ᄃᆞᆯ 보리니

到돌着땩裏링ᄒᆞ얀 塵띤은 將쟝息식ᄒᆞ고 而싱

光광은 將쟝發벓ᄒᆞ리니 是씽第뗑二싱箇강

程뗑節졇이니라

이고대 닐러ᄂᆞᆫ 드트를 將쟝次ᄎᆞᆼ 그ᅀᅳ고

光광明명은 將쟝次ᄎᆞᆼ 發벓ᄒᆞ리니 이ᄃᆞᆯ

ᄎᆞᆷᄋᆞᆯ디니라

於정斯ᄉᆞ애 若샥生ᄉᆡᆼ知딩覺각心심ᄒᆞ면 則

즉斷똰純쓘一읋之징妙묳ᄒᆞ리니 大땡害ᅘᆡᆼ

也양ㅣ니라

이고대 ᄒᆞ다가 아논 ᄆᆞᅀᆞᆷ곳 내면 純쓘一

읋ᄒᆞᆫ 妙묳ㅣ 그츠리니 큰 害ᅘᆡᆼ니라

無뭉此ᄎᆞᆼ過광者쟝ᄂᆞᆫ 動똥靜쪙에 一읋如

셩ㅣ라 寤옹寐밍예 惺셩惺셩ᄒᆞ야 話ᅘᅪᆼ頭뚷ㅣ

現현前쪈ᄒᆞᄃᆡ

이 허믈 업스닌 무뎌기 마니 이시며 ᄒᆞ매

ᄒᆞᆫ가지라 ᄭᆡ여 자며 ᄒᆞ매 ᄉᆡᆼᄉᆡᆼᄒᆞ야 話ᅘᅪᆼ

頭뚷ㅣ 알ᄑᆡ 나토ᄃᆡ

如셩透릏水싱月윓華ᅘᅪᆼᄒᆞ야 在ᄍᆡᆼ灘탄浪랑

中듕셔ᄒᆞ야 活활潑팔潑팔ᄒᆞ야 觸쵹ᄒᆞ야도 不블
散산ᄒᆞ며 蕩땅ᄒᆞ야도 不블失실時씽예도 中듕寂
쪅ᄒᆞ야 不블搖용ᄒᆞ며 外욍撼땀ᄒᆞ야도 不블動똥
矣읭니라 是씽第뗑三삼箇강程뗭節졇이니라
므레 ᄉᆞᄆᆞᆺᄎᆞᆫ ᄃᆞᆯ비치곤ᄒᆞ야 여흘믌결 中
듕에 이셔 活활潑팔潑팔ᄒᆞ야 活활潑팔潑팔은 설ᄒᆞ오리는 믌겨레 비취ᄂᆞᆫ ᄃᆞᆯ비츨 닐온 마리니 ᄆᆞᅀᆞ미 聲셩色ᄉᆡᆨ애 번득호ᄆᆞᆯ 가ᄌᆞᆯ비리라니
다딜어도 흗디 아니ᄒᆞ며 헤텨도 일티

아니ᄒᆞᆫ ᄢᅴ 가온ᄃᆡ 괴외ᄒᆞ야 이어디 아니
ᄒᆞ며 밧ᄯᅩ 이어도 뮈디 아니ᄒᆞ리니 이 세
참ᄆᆞᄃᆡ니라
疑읭團똰이 破퐝ᄒᆞ야 正졍眼안開캥ㅣ 近끈矣읭리라
疑읭團똰이 허러 正졍ᄒᆞᆫ 눈ᄠᅳ미 갓가ᄫᆞ
리라
忽훓然션築듁著땩磕캅著땩애 啐촗地띵

折졇ᄒᆞ며 爆박地띵斷뙨ᄒᆞ야 洞똥明명自쫑己깅ᄒᆞ야 捉족敗뱅佛뿛祖종ㅣ 得득人신憎중處쳥ᄒᆞ야든

믄득 맛ᄃᆞ로매 卒졸ᄒᆞ오미 그ᄎᆞ며 더오미 그처 내 모ᄆᆞᆯ 훤히 볼겨 부텨와 祖종師ᄉᆞᆼ 왜 사ᄅᆞ미 게믜이샨고ᄃᆞᆯ 솔기 자바ᄃᆞᆫ 卒졸ᄋᆞᆫ ᄃᆞᆯ긔 알히 이러 ᄀᆞᆺ 낧젯 우루미라 더오믄 밤구룸 제 더 본 氣킝韻운이 소배 드러 ᄀᆞᆺ 심통애 들면 ᄠᅳᆨ ᄢᅢ달씨니 이는 見견性셩ᄒᆞᇙ젯 이ᄅᆞᆯ 形형容용ᄒᆞ니라

又웋宜읭見견大땡宗종匠쨩ᄒᆞ야 求꿓鍛돤煉련ᄒᆞ야 成쎵大땡法법器킝언뎡 不블可캉得득少숗ᄒᆞ고 爲윙足죡이니라

ᄯᅩ 큰 宗종匠쨩ᄋᆞᆯ 보아 블오ᄆᆞᆯ 求꿓ᄒᆞ야 큰 法법器킝ᄃᆞ외요ᄆᆞᆯ 디언뎡 저기 得득ᄒᆞ고 足죡사모미 몯ᄒᆞ리라 宗종匠쨩ᄋᆞᆫ 善쎤知딩識식이라

悟옹後ᅘᅮᇢ에 若샥不블見견人신ᄒᆞ면 未밍免면不블了룧ᄒᆞ리 後ᅘᅮᇢ事쑹ᄒᆞ니 其끵害행非빙

一(힗)란이니

ᄒᆞᆫ後(ᅘᅮᇢ)에 ᄒᆞ다가 사ᄅᆞᄆᆞᆯ 보디 몯ᄒᆞ면 後(ᅘᅮᇢ)ㅅ 일 아디 몯ᄒᆞᆯᄒᆞᆯ 免(면)티 몯ᄒᆞ리니 그 害(ᅘᅢᆼ)ᄒᆞ나히 아니니라

惑(ᅘᅬᆨ)於(헝)佛(뿛)祖(종)機(긩)緣(원)上(썅)애 有(윻)礙(ᅌᅢᆼ)ᄒᆞᆫ 處(청)ᄒᆞ면 是(씽)ᄂᆞᆫ 悟(옹)ㅣ 淺(쳔)ᄒᆞ야 未(밍)盡(찐)玄(현)妙(묳)ᄒᆞ리라

ᄒᆞ다가 佛(뿛)祖(종)ㅅ 機(긩)緣(원)에 ᄀᆞ리고디 이시면 이ᄂᆞᆫ 아로미 녀틱 ᄀᆞ장 玄(현)妙(묳)티 몯ᄒᆞ리라

旣(긩)盡(찐)玄(현)妙(묳)ᄃᆞᆫ댄 又(윻)要(ᅙᅗᇂ)退(퇑)步(뽕)ᄒᆞ야 韜(톻)晦(횡)保(봏)養(양)ᄒᆞ야 力(륵)量(량)이 全(쭨)備(삥)ᄒᆞ야 看(칸)過(광)藏(짱)敎(ᄀᆞᇢ)儒(숭)道(ᄃᆞᇢ)諸(졍)書(셩)ᄒᆞ야 消(숗)磨(망)多(당)生(싱)習(씹)氣(킝)ᄒᆞ야

ᄒᆞ마 ᄀᆞ장 玄(현)妙(묳)ᄒᆞ거든 ᄉᆞᆷ고 믈러 光(광)ᄋᆞᆯ ᄀᆞ초며 자최ᄅᆞᆯ ᄀᆞ초아 便(뼌)

安한히養양ᄒᆞ야力륵量량이오올며ᄀᆞ
자大땡藏짱經경이며儒ᅀᅲᆼ와道ᄄᆞᇢ와한ᄀᆞ
ᄅᆞᆯ다보아여러生싱앳習씹氣킝ᄅᆞᆯᄒᆞ야
ᄇᆞ려

淸쳥淨쪙ᄒᆞ야無뭉際젱ᄒᆞ며圓원明명ᄒᆞ야無뭉
碍ᅌᆡᆼᄒᆞ게始싱可캉高골飛빙遠원擧겅ᄒᆞ야庶
셩得득光광明명이盛쎵大땡ᄒᆞ야不붏辱쇽
先션宗종ᄒᆞ리라

淸쳥淨쪙ᄒᆞ야ᄀᆞ싀업스며圓원明명ᄒᆞ
야ᄀᆞ료미업서사어루ᄂᆞ피ᄂᆞ려며미리ᄃᆞ
러거싀光광明명이盛쎵大땡ᄒᆞ야先션
宗종ᄋᆞᆯ더러빙디아니ᄒᆞ리라

其끵或뼉換뽠舊꿓時씽行ᅘᆡᆼ履링處
쳥ᄒᆞ몰末맗盡진ᄒᆞ면便뼌墮땅常쌍流률
ᄒᆞ리라

ᄒᆞ다가녯行ᅘᆡᆼ履링處쳥ᄅᆞᆯ밧ᄀᆞ고ᄅᆞᆯ다몯

ᄒᆞ면곧常썅무리게디리라
更깅若약說쉃時씽ᄂᆞᆫ似쑹悟옹ᄒᆞ고對됭境
경ᄒᆞ얀還환迷몡ᄒᆞ야出춣語엉ㅣ如셩醉쥥人
신ᄒᆞ며作작爲윙似쑹俗쑉子쫑ᄒᆞ야機긩를不
븛識식隱흔顯현ᄒᆞ며語엉를不븛知딩正졍
邪썅ᄒᆞ야撥밣無뭉因힌果광ᄒᆞ리린댄極끅爲윙
大땡害행ㅣ니라

또ᄒᆞ다가말ᄊᆞᄆᆞᆯᄲᅮᆫ아ᄂᆞᆫᄃᆞᆺᄒᆞ고境경을對
됭ᄒᆞ얀도로迷몡ᄒᆞ야말내요미醉쥥ᄒᆞᆫ
사ᄅᆞ미곧ᄒᆞ며ᄒᆞ저ᄌᆞ로미俗쑉子쫑ㅣ
곧ᄒᆞ야俗쑉子쫑ᄂᆞᆫ쇼히라조가ᄀᆞᆯ그ᄉᆞᆨᄒᆞ며現현
然션을아디몯ᄒᆞ며말ᄊᆞᄆᆞᆯ邪썅正졍
올아디몯ᄒᆞ야因힌果광ᄅᆞᆯᄡᅳ러ᄇᆞ리린
댄至징極끅ᄒᆞᆫ큰害행니라
先션輩빙의正졍之징與영邪썅ㅣ大땡有
읗揚양子쫑라ᄒᆞ니

몬졋사ᄅᆞ미正졍ᄒᆞ며邪썅호미큰양ᄒᆞ
지잇ᄂᆞ니라

了룡事ᄊᆞᆼ者쟝ᄂᆞᆫ生ᄉᆡᆼ死ᄉᆞᆼ岸안頭뚷에能
능易역麤총爲윙細솅ᄒᆞ며能능易역短돤爲
윙長땽ᄒᆞ야
일ᄆᆞᆫ ᄎᆞᆫ사ᄅᆞᄆᆞᆫ주굼사로매能능히麤총
ᄒᆞᆫ거슬밧고아ᄀᆞᆫ거슬사ᄆᆞ며能능하
뎌ᄅᆞᆫ것밧고아긴거시ᄃᆞ외에ᄒᆞ야

以잉智딩光광明명解갱脫퇋로得득出츌
生싱一ᅙᅵᇙ切쳉法법三삼昧밍王왕ᄒᆞ리니
智딩慧휑光광明명解갱脫퇋로ᄡᅥ一ᅙᅵᇙ
切쳉法법을닐옴三삼昧밍王왕ᄋᆞᆯ得득ᄒᆞ
리니 智딩光광明명解갱脫퇋ᄋᆞᆫ見견性셩ᄒᆞᆫ後ᅘᅮᇢ에어둔三삼昧밍ㅅ일후미라

以잉此ᄎᆞᆼ三삼昧밍故공로得득意잉生싱
身신ᄒᆞ야向향後ᅘᅮᇢᄒᆞ야能능得득妙묳應ᅙᅳᆼ身

信신身신ᄒᆞ리니
이 三삼昧ᄆᆡᆼ로 ᄡᅳ논 젼ᄎᆞ로 意ᅙᅴᆼ生ᄉᆡᆼ身
신을 得득ᄒᆞ야 後ᅘᅮᇢ를 向ᅘᅣᇰᄒᆞ야 能ᄂᆞᆼ히
妙며ᇢ應ᅙᅳᆼ身신信신身신을 得득ᄒᆞ리니
道ᄄᅗᇢㅣ 如ᅀᅧᆼ大땡海ᄒᆡᆼᄒᆞ야 轉ᄃᆑᆫ入ᅀᅵᆸᄒᆞ옷디 轉
뎐深심ᄒᆞ리라
道ᄄᅗᇢㅣ 큰 바ᄅᆞ리 ᄀᆞᆮᄒᆞ야 더옥 드디옷 더
옥 기프리라

法語 四十九

達따ᇙ磨망ㅣ 有ᅌᅮᇢ頌쑝云운ᄒᆞ샤ᄃᆡ 悟ᅌᅩᆼ佛뿛
心심宗종ᄒᆞ논 ᄃᆡ 等ᄃᆼ無무差창互ᅘᅩᆼ도 ᄒᆞ고 行ᅘᆡᇰ
解갱相샹應ᅙᅳᆼᄒᆞ야ᅀᅡ 名명之징日ᅀᅤᇙ祖종ㅣ라
ᄒᆞ시니라
達따ᇙ磨망ㅣ 頌쑝ᄒᆞ야 니ᄅᆞ샤ᄃᆡ 부텻 ᄆᆞ
ᅀᆞᄆᆞᆯ 아로ᄃᆡ ᄒᆞᆫ가지라 差창別뼗이 업고
도 行ᅘᆡᇰ과 解갱왜 서르 마자ᅀᅡ 일후믈 祖
종ㅣ라 닐옴디라 ᄒᆞ시니라

更깅莫막說쉃宗종門몬中듕에 有융超툥佛뿛越웛祖종底뎽作작略략ᄒᆞ라 聰총上썅人신ᄋᆞᆫ 信신麼망아 信신與영不붏信신ᄋᆞᆫ 向향後ᅘᅮᇢᄒᆞ야 自ᄍᆞᆼ知딩ᄒᆞ리라

ᄯᅩ 宗종門몬中듕에부터 ᄡᅵ더으며 祖종師ᄉᆞᆼᄋᆡ 너믄 혜아료미 잇다ᄒᆞ야 니르디 말라 聰총上썅人신ᄋᆞᆫ 信신ᄒᆞᄂᆞᆫ다 信신ᄒᆞ며 信신티 아니ᄒᆞ오ᄆᆞᆫ 後ᅘᅮᇢᄅᆞᆯ 向향ᄒᆞ야 自ᄍᆞᆼ然션히 알리라

無뭉字ᄍᆞᆼ十씹節졇目목

僧ᄉᆞᆼ이 問문趙됴州쥽ᄃᆡ 狗궇子ᄌᆞᆼᄂᆞᆫ 還환有융佛뿛性셩也양가 잇가 無뭉가 잇가 州쥽ㅣ 云운ᄒᆞ샤ᄃᆡ 無뭉ᄒᆞ니라 蠢츈動똥含함靈령이 皆갱有융佛뿛性셩이어시니 趙됴州쥽ᄂᆞᆫ 因인甚씸ᄒᆞ야 道ᄃᆞᇢ無뭉ᄒᆞ쇼ᄒᆞ야

僧ᄉᆞᆼ이 趙됴州쥽ᄭᅴ 무로ᄃᆡ 가히ᄂᆞᆫ 佛

佛뿛性셩이 잇ᄂᆞ니잇가 업스니잇가 趙뚷
州즇ㅣ 닐오ᄃᆡ 업스니라 구믈구믈 ᄒᆞᄂᆞᆫ
衆즁生ᄉᆡᇰ이 다 佛뿛性셩이 잇거시니 趙
뚷州즇ㅣ ᄂᆞ므스글 因힌ᄒᆞ야 업다 닐어
뇨
若ᅀᅣᆨ言언 趙뚷州즇禪쎤올 口쿻皮삥邊변
으로 照졓顧공ᄒᆞᆫ댄 他탕日ᅀᅵᇙ에 喫켝鐵텷棒빵
ᄒᆞ리라

ᄒᆞ다가 趙뚷州즇禪쎤을 口쿻皮삥邊변
으로 ᄉᆞᆯ펴보리라 니ᄅᆞ린댄 다ᄅᆞᆫ 나래 쇠
막다히ᄅᆞᆯ 마ᄌᆞ리라 口쿻皮삥邊변은 마ᄅᆞᆯ 니ᄅᆞ니라
殊쓩不붏知딩 三삼世솅諸졍佛뿛ㅅ
骨곯髓슁시며 歷력代뙹祖종師ᄉᆞᆼㅅ 眼안目
목올 一힗期끵예 掀헌出췷ᄒᆞ야 在쬥伱닝面
면前쪈다이로
三삼世솅諸졍佛뿛ㅅ 骨곯髓슁시며 歷

력代뗑祖종師ᄉᆞᆼㅅ眼안目목오ᄅᆞ혼버네

드러내야네面면前쪈에듣돌곤아디ᄅᆞᆯ

도다

性셩燥ᄉᆞᇢ漢한이一ᅙᅵᇙ肩견에擔담荷ᅘᅡᇰ得

득去컹ᄒᆞ면山산僧ᄉᆞᆼ의拄쮸杖땅子ᄌᆞᆼ로亦

역未밍肯킁打땅儞닝在쬥ᄒᆞ니리且챵道ᄄᆞᇢ

ᄒᆞ라畢빓竟겡에如셩何ᅘᅡᆼ토소뇨

性셩모ᄅᆞᆫ살ᄅᆞ미ᄒᆞᆫ엇게예메여가면山

산僧ᄉᆞᆼ의막다히로ᄂᆞᆫ또너를티고져

아니ᄒᆞ리니또니ᄅᆞ라ᄆᆞᄎᆞ매엇더ᄒᆞ도

소뇨

只징者쟝箇강無뭉ᄒᆞᆫ字쫑ㅣ全쭨無뭉巴방

鼻삥ᄒᆞ딩有ᅌᅲᇢ些샹巴방鼻삥ᄒᆞ니라

오직이無뭉ᄒᆞᆫ字쫑ㅣ全쭨혀ᄀᆞ고ᄒᆞᆫ입

소ᄃᆡ뎌기ᄅᆞᆯ고히잇ᄂᆞ니라

或획者쟝謂윙ᄒᆞ딩是씽ᄂᆞᆫ斷돤命명刀동

子ᄌᆞᆼㅣ며 開캥差창別볋智딩底뎽鑰약匙씽라ᄒᆞᄂᆞ니 好ᅘᅡᇢ與영三삼十씹棒빵ᄒᆞ도다

或ᅘᅬᆨ이 닐오ᄃᆡ 이ᄂᆞᆫ 목수믈 그츓 갈히며 差창別볋智딩慧ᅘᅰᆼᄅᆞᆯ 열 쇠라 ᄒᆞᄂᆞ니 三삼十씹棒빵ᄋᆞᆯ 됴ᄃᆡ 됴토다

是씽ᄂᆞᆫ 賞샹耶양아 罰뻘耶양아 直띡饒ᅀᅣᇢ 道똫得득諦뎽當당ᄒᆞ야도 你닝在찡甚씸處쳥셔ᄒᆞ야 見견趙뜧州즇ᄒᆞᆫ다

이ᄂᆞᆫ 賞샹가 罰뻘아 비록 맛ᄃᆞᆼ히 닐어도 네 어듸 이셔 趙뜧州즇 본다

盡찐道똫ᄒᆞᆫᄃᆡ 趙뜧州즇古공佛뿛ㅅ 眼안光광이 爍샥破팡四ᄉᆞᆼ天텬下ᅘᅡᆼᄒᆞᄂᆞ니라 ᄒᆞ니 觀관

其끵道똫箇강無뭉字ᄍᆞᆼᄒᆞ건댄 性셩命명이 落락在찡本본色식衲납子ᄌᆞᆼ手슣裏링ᄒᆞ다

다 닐오ᄃᆡ 趙뜧州즇古공佛뿛ㅅ 눈光광明명이 四ᄉᆞᆼ天텬下ᅘᅡᆼᄅᆞᆯ 비취ᄂᆞ다 ᄒᆞ

ᄂᆞ니 無뭉ᇹ字ᄍᆼ를 닐온 고ᄃᆞᆯ 보건댄 性생命명이 本본色식 納납子ᄌᆞᆼ의 소내 디여잇다

有울一ᅙᅵᇙ等등人신이 更ᄀᆡᆼ向향他탕無뭉ᇹ字ᄍᆼ上썅ᄒᆞ야 討톻滋ᄌᆞᆼ味밍ᄒᆞ나ᄂᆞᆫ 豈킝不붏鈍똔置딩平뼝生ᄉᆡᆼᄒᆞ료

ᄒᆞᆫ 무렛 사ᄅᆞ미 ᄯᅩ 뎌 無뭉ᇹ字ᄍᆼ를 向향ᄒᆞ야 滋ᄌᆞᆼ味밍를 ᄎᆞᄌᆞᄂᆞ니 엇뎨 平뼝生ᄉᆡᆼ올 鈍똔히 ᄇᆞ리디 아니ᄒᆞ료

雖ᄉᆔᆼ然연ᄒᆞ나 趙뜧州쥴道뜰ᄒᆞᆫ 無뭉ᄅᆞᆯ 伱닝ᄂᆞᆫ 作작麽망生ᄉᆡᆼ會ᅘᅬᆼᄒᆞᄂᆞᆫ다

비록 그러ᄒᆞ나 趙뜧州쥴ㅣ 닐온 無뭉를 너ᄂᆞᆫ 엇뎨 아ᄂᆞᆫ다

趙뜧州쥴ㅅ 露롱刃신劒검이 寒ᅘᅡᆫ霜상光광焰염焰염ᄒᆞ니 擬읭議읭問문如ᅀᅧᆼ何ᅘᅡᆼᄒᆞ린댄 分분身신作작兩량段똰ᄒᆞ리라

趙쫗州즇ㅅ 놀난 갈히 ᄎᆞᆫ 서릿 비치 이륵
이륵ᄒᆞ니 혜아려 잇더ᄒᆞᆫ 뇨ᄒᆞ야 무르린
댄 모미 分분ᄒᆞ야 두 그티 ᄃᆞ외리라
喝핡癡팅人신 面면前쪈에 不븛得득說쉃
夢몽이니라
喝핡ᄒᆞ고 니ᄅᆞ샤ᄃᆡ 愚웅癡팅ᄒᆞᆫ 사ᄅᆞ미
알ᄑᆡ 숨 니ᄅᆞ디 마롫디니라
要ᅙᅧᇂ且챵我앙王왕庫콩內뇡옌 無뭉如셩
是씽刀돃라ᄒᆞ니 必빓竟경에 趙쫗州즇는 是
씽何항面면目목고
ᄯᅩ 우리 님금 庫콩內뇡예는 이런 갈히 업
소니라 ᄆᆞᆺ 太태 趙쫗州즇는 이 엇던 面면
目목고
妙묳喜힁道뜰호ᄃᆡ 不븛是씽有웋無뭉之징
無뭉ㅣ며 不븛是씽眞진無뭉之징無뭉ㅣ라ᄒᆞ니
還환識식妙묳喜힁麼망아

妙몽喜힁ᄂᆞᆫ 오ᄃᆡ 이 잇다 업다 ᄒᆞᆫ 無뭉도
아니며 이 眞진實씷로 업다 ᄒᆞᆫ 無뭉도 아
니라 ᄒᆞ니 ᄯᅩ 妙몽喜힁ᄅᆞᆯ 아ᄂᆞ다 모ᄅᆞ
ᄂᆞ다

若샥不붏具꿍眼안ᄒᆞ면 又ᅌᅮᇢ去컹東동卜복
西솅度딱ᄒᆞ야 轉둰添텸意힁識식ᄒᆞ리니 切쳟
忌끵切쳟忌끵ᄒᆞ라니 靈령利링漢한인댄 且챵道
똫ᄒᆞ라 趙뚷州즇意힁ᄂᆞᆫ 作작麽망生싱고

ᄒᆞ다가 눈곳 ᄀᆞᄌᆞ디 몯ᄒᆞ면 ᄯᅩ 東동ᄋᆞ로 혜
며 西솅로 혜아려 더옥 意힁識식을 더으
리니 모ᄃᆡ 마ᄅᆞᆯ디니라 靈령利링ᄒᆞᆫ 사ᄅᆞᆷ
ᄋᆞᆫ ᄯᅩ 니ᄅᆞ라 趙뚷州즇ㅅ ᄠᅳ든 엇더ᄒᆞ뇨

近끈來ᄅᆡᆼ옌 多당道똫ᄒᆞ되 無뭉ㅣ字쭝ㅣ 是
씽鐵텷掃솧箒쥴ㅣ라 ᄒᆞᄂᆞ니 趙뚷州즇意힁ᄂᆞᆫ
果광如셩是씽아 不붏아 有ᅌᅮᇢ引인他탕後
쁗語엉ᄒᆞ야 爲윙證징者쟝ᄒᆞ니 錯착了룧也양

瞎핧漢한이로다

이제ᄂᆞᆫ해날오ᄃᆡ無뭉ㅎ字ᄍᆞᆼㅣ이쇠뷔

란ᄒᆞᆫ니趙똥州쥼ㅅᄠᅳ든果광然션그

러ᄒᆞ도소니야아니ᄒᆞ도소니야다ᄅᆞᆫ後

ᅘᅮᇢㅅ마롤ᄡᅧ마기오리잇ᄂᆞ니그르안면

사ᄅᆞ미로다

莫막將쟝閑한學ᅘᅡᆨ解ᄒᆡᆼᄒᆞ야셔埋밍沒몷祖

종師ᄉᆞᆼ心심이어다喝할

솟절업슨비화아로ᄃᆡ녀셔祖종師ᄉᆞᆼ

心심을무더ᄇᆞ리디마롤디어다喝할

有웋云운ᄒᆞ되無뭉ㅎ字ᄍᆞᆼᄂᆞᆫ是씽繫곙驢령

橛꿣이라ᄒᆞ니라ᄒᆞ야伱닝在쨍何ᅘᅡᆼ處청ᄒᆞ야夢몽見

견趙똥州쥼다ᄒᆞᆫ欲욕得득不붏拈졈無뭉間

간業업인댄莫막謗방如셩來링ㅅ正졍法법

輪륜이라니

사ᄅᆞ미닐오ᄃᆡ無뭉ㅎ字ᄍᆞᆼᄂᆞᆫ이나귀미

온말히라ᄒᆞᄂᆞ니네어드이셔수메나趙뚱州쥼ᄅᆞᆯ본다無뭉閑간業업을ᄢᅧ나소디아니코져ᄒᆞ린댄如셩來링ㅅ正졍法법輪륜을誹빙謗방티마ᄅᆞᆯ디니라

許헝多당弊뼹病뼝을都동拈념去컹也양ᄒᆞ야나必빓竟경에者쟝箇강無뭉ᅙ字쭝ᄂᆞᆫ落락在쨍甚씸處쳥ᄒᆞ뇨

하나한외다ᄒᆞᄂᆞᆫ病뼝을다거더ᄇᆞ려니ᄆᆞᄎᆞ매이無뭉ᅙ字쭝ᄂᆞᆫ어느고대잇ᄂᆞ뇨

者쟝箇강無뭉ᅙ字쭝ᄂᆞᆫ有ᇂ心심과無뭉心심괘俱궁透퉁不붏得득ᄒᆞ니라ᄒᆞ니

이無뭉ᅙ字쭝ᄂᆞᆫ有ᇂ心심과無뭉心심괘다ᄉᆞᄆᆞᆺ디몯ᄒᆞᄂᆞ니라 有ᇂ心심無뭉心심은有ᇂ心심人신無뭉心심人신이라ᄒᆞ논마리라

棄킹命명ᄒᆞ고向향未밍擧겅已잉前쪈ᄒᆞ야著

땩眼안ᄒᆞ야 忽홀然연再징甦송ᄒᆞ야 了룧徹텷

無뭉餘영ᄒᆞ면 一힗千쳔七칧百ᄇᆡᆨ則즉公공

案한올 誰쒸敢감向향儞닝面면前쪈ᄒᆞ야 拈

념出츓ᄒᆞ리오

목수를 ᄇᆞ리고 擧겅티 아니ᄒᆞᆫ 前쪈으로

向향ᄒᆞ야 누늘 ᄲᅥ며 므득 다시 ᄭᆡ야나ᄆᆞᆫ 곧

업시ᄉᆞ 몯ᄉᆞᆯ면 一힗千쳔七칧百ᄇᆡᆨ則즉

公공案한올 누네 面면前쪈을 向향ᄒᆞ야

자바내리오 則즉은 法법則즉이라

諸졍佛뿛祖종ㅅ 大땡機긩用용이 神씬通

통과 三삼昧밍와 三삼玄휀과 三삼要ᅙᅣᇢ와

種종種종差창別볋智딩와 一힗切쳉無뭉

礙ᅌᆡᆼ慧휑盡찐從쫑此ᄎᆞᆼ出츓ᄒᆞᄂᆞ니라

모ᄃᆞᆫ 부텨와 祖종師ᄉᆞᆼ왓 大땡機긩라 體텡

大땡用용이 언 神씬通통과 三삼昧밍와

三삼玄휀과 體텡 三삼要ᅙᅣᇢ와 種종種종差

상別볋智딩와一힗切쳉無뭉碍앵慧휑ㅣ
다이를從쭁ᄒᆞ야나ᄂᆞ니라三삼玄䒓인 体톙中듕玄 䒓句궁中듕玄䒓玄䒓中듕玄䒓三삼要 흥ᄋᆞᆫ三삼句궁ㅣ라ᄒᆞ다ᄆᆞᆫ、ᄉᆞ매세가지론 고ᄃᆞᆯ니 ᄅᆞ니라

雖숭然션ᄒᆞ나那낭箇강是씽伱닝의自쭝己
긩오

비록그러ᄒᆞ나어느너의自쭝己긩오 自쭝己긩 ᄂᆞᆫᄆᆞ、ᄉᆞ 미라

一힗大땡藏짱敎꾱ㅣ是씽箇강切쳉脚각
이어 시니 曾쯩切쳉著땩者쟝箇강無뭉ᄒᆞᆫ字쫑
아 否블 아

ᄒᆞᆫ大땡藏짱敎꾱ㅣ이샤곤거시어시니
아래이無뭉ᄒᆞᆫ字쫑도사기도소니야

靈령利링漢한이直띡下향掀헌飜펀ᄒᆞ야洞
뚱明명自쭝己긩ᄒᆞ야捉쟉破팡趙뚷州쥴ᄒᆞ며
勘캄破팡佛뿛祖종得득人신憎중處청ᄒᆞ면

許헝你닝道똥大땡藏짱敎끃 是씽拭식
瘡창疣웋紙징라 호리
靈령利링ᄒᆞᆫ 사ᄅᆞ미 발ᄃᆞ 위텨 自ᄍᆞᆼ己
긩ᄅᆞᆯ 훤히 불겨 趙ᄄᆞᇢ州쥼ᄅᆞᆯ 자ᄇᆞ며 부텨
와 祖종師ᄉᆞᆼ왜 살믜게 미이샨 고ᄃᆞᆯ 곳 알
면 네 大땡藏짱敎끃ㅣ 瘡창腫죵ᄂᆞᆯ ᄉᆞ저브
론 죠히라 닐오ᄆᆞᆯ 올타 호리라
雖슁然션如셩是씽ᄒᆞ나 者쟝箇강無뭉ᅙ字ᄍᆞᆼ

ᄍᆞᆼᄂᆞᆫ 從쭝何ᅘᅡᆼ處청ᄒᆞ야 出츓ᄒᆞ뇨
비록 그러ᄒᆞ나 이 無뭉ᅙ字ᄍᆞᆼᄂᆞᆫ 어ᄂᆞ고
ᄃᆞᆯ 從쭝ᄒᆞ야 나뇨
如셩是씽主즁張댱箇강無뭉ᅙ字ᄍᆞᆼᄒᆞ건댄
有웋甚씸奇끵特ᄯᅳᆨᄒᆞ뇨
이 ᄀᆞ티 無뭉ᅙ字ᄍᆞᆼᄅᆞᆯ 드ᄂᆞ아 보건댄 므
슴 奇끵特ᄯᅳᆨ이 잇ᄂᆞ뇨
宗종門몬中듕에 許헝多당公공案ᅙᅡᆫ이 還

我
佛如來典于天竺說法度生爲大導士
居後五百歲欲追響於後五百歲
之上以求其清淨圓滿之教當非
經則不可夫經之大有三藏十二
部之異無非金口微言闡益三界
者也我
仁粹王妃殿下發廣大心立四弘願乃
若曰本師能仁氏之說有三無差別法
諸佛衆生同一妙性但以衆生妄
相執著淪於六趣諸佛之所以爲
諸佛者以悟此性相也衆生之所
以爲衆生者以迷此性相也悟之
迷之不在於他無眞聞見也若使
大乘之經典流布於世則凡人得聞
我佛之教而薰發其種性則庶幾
人得知性相之所在而可以報佛
恩矣佛恩之報即所以報四恩也

於是
命令分詣板本所在摸印法華經六十
件楞嚴經六十件圓覺經二十件
注華嚴經五件維摩經三十件懺
經四十件心經三百件六經合部
五百件梵網經二十件地藏經四
十件藥師經二十件恩重經十件
法語二百件永嘉集二百件大藏
一覽四十件南明證道歌二百件
金剛川老解二百件楞嚴義海六
十件眞實珠集二百件中禮文二
百件志磐文一百件結手文一百
件仔夔文五十件法華三昧懺三
十件佛祖歷代通載三十件禪門
拈頌十件景德傳燈錄十件龍龕
手鑑五十件六道普說三十件以
經計者凡二十九秩總若干件將
以施于緇素使有目皆觀有耳皆

聞因于見聞以入于佛之知見同
入於如來三無差別之境界而三
藏之敎亦可以行矣夫自利者聲
聞緣覺之所以爲小乘也利他者
菩薩之所以爲大乘也二利則成
者如來之所以爲最上乘也我
仁粹王妃殿下施諸經典開覺人天不
惟自利又有以利他不惟利他又
有以二利則成則其
廣大之心無量之願非聲聞小乘之心
即菩薩大乘之心也非菩薩之大乘
之心即如來最上乘之心也嗚呼
至哉若其功德之本意則
願
世祖大王
睿宗大王
懿敬王超生淨界仁城大君善地受生
而因其勝果又有以祝

法語跋二

大王大妃殿下壽萬世
主上殿下壽萬歲
王妃殿下壽萬歲則我
仁粹王妃殿下之至願奎誠於是乎周
矣恩重經十件又別
爲先考左議政西原府院君諡襄節
公韓確先考妣安城府夫人洪氏
悟無生登彼岸之願之所成讀此
經者其可徒曰此經乃
仁粹王妃殿下之法施而
仁粹王妃殿下所以爲
上親深誠大願之所在其可不知也
哉成化八年夏六月初吉純誠佐
理功臣輔國崇祿大夫行判中樞
府事永山府院君臣金守溫跋

뽠ᄒᆞᆫ有읗妄뭥妙묳ㅣ過광此층無뭉者쟝ㅣ아
否븧아
宗종門몬中듕에 하나한 公공案한이도
로 ᄢᅧ조ᅀᆞᄅᆞᄫᅵ요미 이 無뭉ㅣ字ᄍᆞᆼ애셔
너므니 잇ᄂᆞ니야 업스니야
若ᅀᅣᆨ有읗ᄒᆞᆫ댄 何ᅘᅡᆼ得득如셩是씽品픔題뗑
他탕ᄒᆞ며
ᄒᆞ다가 잇ᄂᆞ닌댄 엇데 이 양ᄋᆞ로 뎌ᄅᆞᆯ 差

창 等등ᄒᆞ야 論론量량ᄒᆞ며
若ᅀᅣᆨ無뭉ᄒᆞᆫ댄 未밍有읗趙뚷州즇時씽옌 豈
킝無뭉佛뿛祖종ᄒᆞ리오
ᄒᆞ다가 업스닌댄 趙뚷州즇 아니 이신저
긘 엇데 佛뿛祖종ㅣ 업스리오
具꿍眼안納납僧승은 一힗點뎜도 難난謾
만 나이 速속道똫ᄒᆞ라
눈ᄀᆞᄌᆞᆫ 納납僧승은 ᄒᆞᆫ 點뎜도 소ᄀᆞ미 어

려보니ᄡᅳᆯ리니ᄅᆞ라

○休흫休흫庵함主즁坐쫭禪쎤文문

夫붕坐쫭禪쎤者쟝ᄂᆞᆫ須숭達ᄄᆞᇙ乎ᅘᅩᆼ至징善쎤ᄒᆞ야當당自ᄍᆞᆼ惺셩惺셩이니截쪓斷돤思ᄉᆞᆼ想샹ᄒᆞ고不붏落락昏혼沉띰이謂윙之징坐쫭ㅣ오在쬥欲욕無뭉欲욕ᄒᆞ며居겅塵띤離링塵띤을謂윙之징禪쎤이오

坐쫭禪쎤이란ᄒᆞ욘ᄃᆞᆫ모ᄅᆞ매至징極끅올

ᄒᆞᆫ고ᄃᆞᆯ通통達ᄄᆞᇙᄒᆞ야반ᄃᆞ기ᄉᆞᆲᄉᆞᆯ비ᄒᆞᆯ씨니思ᄉᆞᆼ想샹ᄋᆞᆯ그처ᄇᆞ리고昏혼沉띰에디디아니ᄒᆞᆯ씨坐쫭ㅣ오欲욕애이쇼ᄃᆡ欲욕업스며塵띤에이쇼ᄃᆡ塵띤을여흴ᄊᆞᆯ禪쎤이오

外욍도로不붏放방入십ᄒᆞ며內뇡도로不붏放방出츓ㅣ謂윙之징坐쫭ㅣ오無뭉著땩無뭉依힁ᄒᆞ야常썅光광現현前쪈이謂윙之징禪쎤

이오
밧ᄀᆞᆯ로도노하ᄃᆞ리디아니ᄒᆞ며안ᄒᆞ로
도노하내디아니홀씨坐쫭ㅣ오住뜡著
ᄄᆞᆨ업스며브툰ᄃᆡ업서샹녜光광明명이
알ᄑᆡ나ᄃᆞᆯ씨禪쎤이오
外욍撼ᄒᆞ야도不붏動똥ᄒᆞ며中듕寂쩍ᄒᆞ야不
붏搖욯ㅣ謂윙之징坐쫭ㅣ오迴횡光광返번
照쭁ᄒᆞ야徹텷法법根근源원을謂윙之징禪

쎤이오
밧ᄀᆞᆯ로셔이어도뮈디아니ᄒᆞ며가온ᄃᆡ
괴외ᄒᆞ야이어디아니홀씨坐쫭ㅣ오光
광을두르ᄱᅧ도라비취여法법의根근源
원을ᄉᆞᆯ펴禪쎤이오
不붏爲윙逆역順쓘의惱놓ᄒᆞ며不붏爲윙聲
셩色식의轉둰을謂윙之징坐쫭ㅣ오燭쪽幽
흫則즉明명愈융日싫月웛ᄒᆞ고化황物믏則

즉力륵勝싱乾껀坤콘을謂윙之징禪쎤이오
逆역ᄒᆞᆫ境경界갱와順쓘ᄒᆞᆫ境경界갱와
의惱놓亂롼올닙디아니ᄒᆞ며聲셩과色
ᄉᆡᆨ과의올ᄆᆞ고ᄅᆞᆯ닙디아니ᄒᆞᆯ坐쫭ㅣ오
어드븐ᄃᆡ비취면ᄇᆞᆯ고미日ᅀᅵᇙ月욇에셔
더으고物뭃을敎ᄀᆞᇢ化황ᄒᆞ디면ᄒᆞ미乾
껀坤콘에ᄂᆞ로ᄆᆞᆯ禪쎤이오
於헝有ᅌᅮᇢ差창別볋境경셔에入ᅀᅵᆸ無뭉差창
別볋定뗭이謂윙之징坐쫭ㅣ오於헝無뭉差
창別볋法법에셔示씽有ᅌᅮᇢ差차別볋智딩ㅣ謂
윙之징禪쎤이라
差창別볋잇ᄂᆞᆫ境경에셔差창別볋업ᄉᆞᆫ
定뗭에들씨坐쫭ㅣ오差창別볋업ᄉᆞᆫ法
법에셔差창別볋잇ᄂᆞᆫ智딩로뵐씨禪쎤
이라
合합而ᅀᅵᆼ言언之징컨댄熾칭然션作작用용

ᄒᆞ디正졍体톙如셩如셩ᄒᆞ야縱중橫쾡애得득
妙묭ᄒᆞ야事쑹事쑹애無뭉碍ᅌᆡᆼ로謂윙之징
坐쫭禪쎤이니라
뫼화니ᄅᆞ건댄熾칭然션히ᄒᆞ저ᄌᆞ로ᄃᆡ
正졍体톙如셩如셩ᄒᆞ야縱중커나橫쾡커나
ᄒᆞ매妙묭로得득ᄒᆞ야일ᄋᆞᆯ이레ᄀᆞᆯ료미업
슬ᄊᆞ坐쫭禪쎤이라ᄒᆞᄂᆞ니라熾칭션은ᄀᆞ장盛쎵ᄒᆞᆯ씨라縱중橫횡은고ᄃᆞ며빗글씨라

略략言언은如셩是씽와커니詳썅擧겅ᄒᆞᆯ딘댄
非빙紙징墨믁ᄋᆞ로能능窮꿍이니라
잢간닐오ᄆᆞᆫ이러커니와字쭝細솅히닐
옳딘댄죠ᄒᆡ와먹과로能능히다니ᄅᆞ디
몯ᄒᆞ리라
那낭伽꺙大땡定뗑은無뭉靜쪙無뭉動똥
ᄒᆞ며真진如셩妙묭体톙는不붏滅멿不붏生
싱ᄒᆞ야

那낭伽꺙大땡定뗭은寂쩍靜쪙도업스
며어즈러볼도업스며眞진如셩妙묠体
톙는滅몛도업스며生싱도업서 那낭伽꺙는龍
룡이라
視씽之징不붏見견ᄒᆞ며聽텽之징不붏聞문
ᄒᆞ며空콩而싱不붏空콩이며有웋而싱非빙有
웋ㅣ라
보ᄃᆡ보디몯ᄒᆞ며드로ᄃᆡ듣디몯ᄒᆞ며空

콩오ᄃᆡ空콩이아니며有웋ㅣ로ᄃᆡ有웋
ㅣ아니니라
大땡包봉無뭉外욍ᄒᆞ고細솅入십無뭉內농
ᄒᆞ니神씬通통과智딩慧쀙와光광明명과壽
쓩量량과大땡機긩와大땡用용괘無뭉盡
찐無뭉窮꿍ᄒᆞ니
크ᄆᆞ론밧업시ᄡᅳ리고져고ᄆᆞ론안
업시ᄃᆞ니神씬通통과智딩慧쀙와光광

明명과壽쓩量량과大땡機긩와大땡用
용괘다오미업스니
有웋志징之징士쏭ᄂᆞᆫ宜잉善쎤叅참究궁
ᄒᆞ야急급著땩精졍彩칭ᄒᆞ야以잉大땡悟옹로
爲윙入십門몬이니라
ᄠᅳᆮ둣ᄂᆞᆫ사ᄅᆞᄆᆞᆫ이대叅참究궁ᄒᆞ야ᄲᆞᆯ리
ᄀᆞᆨ지ᄒᆞ야키아롬ᄋᆞ로門몬에드로ᄆᆞᆯ
사ᄅᆞᆷ디니라

㘞황地띵一잃聲셩後ᅘᅮᇢ에許헝多당靈령
妙묳ㅣ皆갱自쫑具꿍足죡ᄒᆞ리라
확ᄒᆞ논ᄒᆞᆫ소릿後ᅘᅮᇢ에하나한靈령妙묳
ㅣ다自쫑然션히具꿍足죡ᄒᆞ리라
豈킝同똥邪썅魔망外욍道똫ᄋᆡ以잉傳뗜
受쓩로爲윙師ᄉᆞᆼ資ᄌᆞᆼᄒᆞ면以잉有웋所송得
득ᄋᆞ로爲윙究궁竟경者쟝哉징리오
엇뎨邪썅魔망外욍道똫의서르傳뗜受

ᄡᅳᇙ ᄒᆞ오ᄆᆞ로 스승 弟똉子ᄌᆞᆼ 사ᄆᆞ며 이ᄅᆞᆷᄒᆞ
로 究궇竟겨ᇰ을 삼ᄂᆞᆫ 살ᄆᆞ로 곤ᄒᆞ리오

示씽覺각悟ᅌᅩᆼ禪쎤人ᅀᅵᆫ法법語ᅌᅥᆼ 普濟尊者

念념起킝念념滅멿을 謂윙之징生ᄉᆡᆼ死ᄉᆞᆼ
ㅣ니 當당生ᄉᆡᆼ死ᄉᆞᆼ之징際졩ᄒᆞ야 須슝盡찐力
륵 提뗑起킝話ᅘᆒᆼ頭뚷ᄒᆞ리니
念념이 닐며 念념이 滅멿호ᄆᆞᆯ 生ᄉᆡᆼ死ᄉᆞᆼ
ㅣ라 니ᄅᆞᄂᆞ니 生ᄉᆡᆼ死ᄉᆞᆼ ᄉᆞ고ᄅᆞᆯ 當당ᄒᆞ야

야 모로매 히믈 ᄀᆞ장ᄒᆞ야 話ᅘᆒᆼ頭뚷ᄅᆞᆯ 擧
겅ᄒᆞ리니
話ᅘᆒᆼ頭뚷ㅣ 純쓘一힗ᄒᆞ면 起킝滅멿이 卽즉
盡찐ᄒᆞ리라
話ᅘᆒᆼ頭뚷ㅣ ᄒᆞᆫᄀᆞᆯᄋᆞᆺᄒᆞ면 起킝ᄒᆞ며 滅멿
호미 업스리라
起킝滅멿即즉盡찐處청ᄅᆞᆯ 謂윙之장寂쪅
ᄒᆞᄂᆞ니

起킝ᄒᆞ며滅멿ᄒᆞ오미곧그츤그ᄅᆞᆯ닐오ᄃᆡ
寂쩍이라ᄒᆞᄂᆞ니
寂쩍中듕에無뭉話뽱頭뚷ᄒᆞ면謂윙之징無
뭉記긩ᄒᆞᄂᆞ니라
괴외ᄒᆞᆫ中듕에話뽱頭뚷옷업스면無뭉
記긩라니ᄅᆞᄂᆞ니라 無뭉記긩ᄂᆞᆫ 아ᄌᆞᆯ홀씨라
寂쩍中듕에不붏昧밍話뽱頭뚷ᄒᆞ면謂윙之
징靈령ᄒᆞᄂᆞ니

괴외ᄒᆞᆫ中듕에話뽱頭뚷ᄅᆞᆯ어즐티아니
ᄒᆞ면닐오ᄃᆡ靈령이라ᄒᆞᄂᆞ니
卽즉此ᄎᆞᆼ空콩寂쩍과靈령知딩왜無뭉壞
뽱無뭉雜짭ᄒᆞ야如셩是씽用용功공ᄒᆞ면不붏
日싏成쎵之징ᄒᆞ리라
이空콩寂쩍과靈령知딩왜허도아니ᄒᆞ
며어즈럽도아니ᄒᆞ야이양ᄋᆞ로工공夫
붕ᄅᆞᆯᄡᅳ면날몯ᄒᆞ야셔일리라

蒙몽山산和황尙쌍法법語엉略략錄록終즁

彌陀讚

十方三世佛 阿彌陀第一 九品度衆生

威德無窮極 我今大歸依 懺悔三業罪

凡有諸福善 至心用回向 願同念佛人

感應隨時現 臨終西方境 分明在目前

見聞皆精進 共生極樂國 見佛了生死

如佛度一切 願我臨欲命終時 盡除一切諸障礙

面見彼佛阿彌陀 即得往生安樂刹

沙彌 仁文 心中所望則仰蒙諸佛加被妙力神通速得出世間之大願 助力 山吉薩